추천사

기독교 독자들이 책을 결정하는 데는 몇 가지 원칙이 있다.

첫째, 누가 썼는가?
둘째, 저자의 삶이 내용을 담보하고 있는가?
셋째, 책의 내용이 신학적으로 성경에 근거한 기초가 확고한가?

이러한 몇 가지 요소는 그 책의 진정성과 가치를 결정한다. 그런 의미에서 이번 신간 「그리스도인은 무엇을 기도하는가?」를 일독하기를 권한다.

이 책을 권하는 몇 가지 명징한 이유가 있다.

첫째, 책에서 걸러낸 신학만을 담론으로 쓴 책이 아니다. 매우 실제적이고 실용적인 가치가 있는 책이다. 기독교의 언어 중 가장 많은 주제가 '기도'인데 정작 기도하려면 막막한 경험을 안 해본 성도가 없을 것이다. 그런 차원에서 독자들에게 훌륭한 길잡이가 될 것을 확신한다.

둘째, 이 책을 읽다 보면 저자가 몸으로 쓴 것임을 알 수 있는 책이다. 그러다 보니 문장과 그 내용에 나타난 의미 하나하나가 힘이 있다. 공허하지 않고 더운 입김이 뿜어지는 느낌이 든다.

셋째, 주기도문은 기도의 주문을 가르치는 주문서가 아니다. 주기도문의 뼈대와 내용이야말로 우리 삶의 총체적인 영역을 갈아엎는 혁신적인 내용을 담고 있다. 당연히 기도의 영역을 뛰어넘어 성도들의 삶 전체를 변혁으로 이끈다.

저자 정명호 목사는 오랜 시간 목회의 현장에서 성도와 교회가 그 지역 사회와 삶의 현장에서 "왜 존재하는가?"에 대한 질문을 치열하게 해 왔다. 그리고 그 성찰과 고뇌를 넘어 지난하고 유장한 시간 속에 결국 결실을 얻고 하나님의 의도를 드러내는 신앙의 뚝심과 지혜가 있다. 정명호 목사의 지혜란 단순히 균형을 맞추는 지혜가 아니라 오직 하나님께만 모든 것을 집중할 줄 아는 지혜이다. 그러한 태도가 이러한 기도의 명저를 결실했다고 확신한다.

이 책은 기도가 길을 잃어버린 시대, 하나님이 차선책이 되어버린 시대에 주님이 가르쳐 주신 기도 속으로 우리를 안내할 것이다.

_송태근 목사 (삼일교회)

그리스도인은 무엇을 기도하는가?

그리스도인은 무엇을 기도하는가?
주기도문을 통해 추구하는 신앙

초판 1쇄 발행 2024년 6월 30일

지은이	정명호
펴낸이	김한수
출판국장	박민선

펴낸곳	한국NCD미디어
등 록	과천 제2016-000009호
주 소	경기도 과천시 문원청계2길50 로고스센터 206호
전 화	02-3012-0520
이메일	ncdkorea@hanmail.net
홈주소	www.ncdkorea.net

ISBN 979-11-91609-99-8 03230

copyright©한국NCD미디어 2024
Printed in Seoul, Korea

* 이 책은 한국NCD미디어가 저작권 계약에 따라 발행한 것이므로 본사의 협의없는 무단전재와 무단복제를 엄격히 금합니다.
* 잘못 만들어진 책은 구입처에서 교환해드립니다.

값 14,000원

주기도문을 통해 추구하는 신앙

그리스도인은 무엇을 기도하는가?
What do Christians pray?

정명호 지음

목 차

Chapter 1
　　우리에게 기도를 가르쳐 주소서　*p7*

Chapter 2
　　너희는 기도할 때에　*p19*

Chapter 3
　　너희는 이렇게 기도하라　*p36*

Chapter 4
　　하늘에 계신 우리 아버지여　*p48*

Chapter 5
　　나라가 임하시오며　*p60*

Chapter 6
일용할 양식을 주시옵고   *p73*

Chapter 7
우리 죄를 사하여 주시옵고   *p88*

Chapter 8
악에서 구하시옵소서   *p100*

Chapter 9
나라와 권세와 영광이 아버지께 영원히 있사옵나이다   *p102*

Chapter 10
그리스도인은 무엇을 기도합니까?   *p118*

> 그러므로 너희는 이렇게 기도하라
>
> 하늘에 계신 우리 아버지여
>
> 이름이 거룩히 여김을 받으시오며
>
> 나라가 임하시오며 뜻이 하늘에서 이루어진 것 같이
>
> 땅에서도 이루어지이다
>
> 오늘 우리에게 일용할 양식을 주시옵고
>
> 우리가 우리에게 죄 지은 자를 사하여 준 것 같이
>
> 우리 죄를 사하여 주시옵고
>
> 우리를 시험에 들게 하지 마시옵고
>
> 다만 악에서 구하시옵소서
>
> (나라와 권세와 영광이 아버지께 영원히 있사옵나이다 아멘)

Chapter 1

우리에게 기도를 가르쳐 주소서

예수께서 한 곳에서 기도하시고 마치시매
제자 중 하나가 여짜오되 주여
요한이 자기 제자들에게 기도를 가르친 것과 같이
우리에게도 가르쳐 주옵소서
(눅 11:1)

기도의 일상성

절대자에 대한 신앙을 삶과 문화의 체계로 만든 것을 "종교"宗教라고 정의한다면 종교를 가진 사람들에게서 나타나는 특징적인 습관 가운데 하나는 자기가 섬기는 절대자에게 기도한다는 것입니다. 그리스도인도 그러합니다. 그리스도인들은 성령 하나님 안에서, 성자 예수님의 이름으로, 성부 하나님께 기도하는 사람입니다. 그리스도인은 기도를 통해 하나님과 교제하고, 하나님께서도 기도 가운데 우리와 교제하십니다. 기도는 '하나님께 나의 마음을 말하는 것'만이 아니라 '내가 하나님의 마음을 알아가는 것'이기도 하고, '하나님을 향한 강청'強請인 동시에 '마음먹었던 것들을 포기'하는 것이기도 하고, '나의 삶에 대한 묵상'인 동시에 '하나님에 대한 찬양'이고, 신앙인으로서 '일상적인 일'인 동시에 '신비한 일'이기도 합니다.

기도의 현실

그래서 성경은 우리에게 기도에 힘쓸 것을 강조합니다.

(롬 12:12) 소망 중에 즐거워하며 환난 중에 참으며 기도에 항상 힘쓰며

(엡 6:18) 모든 기도와 간구를 하되 항상 성령 안에서 기도하고 이를 위하여 깨어 구하기를 항상 힘쓰며 여러 성도를 위하여 구하라

성경이 기도를 이렇게 강조하고 있는 것을 아는 그리스도인들이라면 누구나 '어떻게 하면 기도를 좀 더 잘할 수 있을까?'하고 고민하는 것은 당연한 일입니다. 그런데 그리스도인들 가운데 자신의 기도 생활에 만족하는 사람은 많지 않은 것 같습니다. 저 역시 마찬가지입니다. 기도만 생각하면 늘 부족하고,

늘 아쉽고, 늘 답답하고, 늘 목마릅니다.

우리의 기도 생활에서 만족도가 떨어지는 이유가 내적이고 주관적이라면 해야 할 만큼의 충분한 기도를 드리지 못한다는 자책감과 내가 하는 모든 기도가 내가 원하는 대로 응답되는 것은 아니라는 경험적 현실 등이 있을 수 있고, 외적이고 객관적인 이유라고 한다면 끝도 없이 반복적으로 발생하는 삶의 문제들에 대한 피곤함 뿐만 아니라 우리 주변에도 우리의 기도가 필요한 힘들고 아파하는 사람이 너무 많다는 사실 등이 언급될 수 있을 것입니다.

그런데 지금은 이전 세대보다 먹고사는 절대적인 형편이 나아져서 그런지 이전 세대 신앙인들보다 기도 생활의 열정은 식은 것이 현실인 듯합니다.

2021년 한국 갤럽에서 실시한 "한국인의 종교: 1984~2021"이라는 주제의 설문 조사 결과에 의하면 '하루에 한 번 이상 기도하는가?'라는 질문에 1984년에는 기독교인의 63%가 그렇다고 했는데, 2021년에는 37%만 그렇다고 대답한 것만 보아도 기독교인의 기도 생활이 줄어들고 있음을 알 수 있습니다.

• 종교인 중 하루 1회 이상 기도/기원자 비율 1984~2021

		'하루에 한 번 이상 기도/기원 한다'					
		1984년	1989년	1997년	2004년	2014년	2021년
종교인 전체		41%	42%	40%	34%	29%	23%
종교별	불교인	16%	14%	11%	14%	8%	5%
	개신교인	63%	68%	64%	59%	52%	37%
	천주교인	57%	58%	41%	28%	30%	31%

출처: 한국갤럽 www.gallup.co.kr _ 시기별 전국(제주 제외) 성인 1,500~2,000명 면접조사

그런데 이것은 기독교만의 상황은 아닙니다. 2021년 5월 21일, 현대불교신문에서는 갤럽의 같은 조사 보고를 인용하여 "'기도 · 경전 읽기 · 법회 참석' 않는 '3無 불자' 증가 추세"라는 제목의 기사에서 하루 1회 이상 기도하는 불

자의 비율이 1984년 대비 1/4로 낮아졌다고 보도한 것을 보면 모든 종교에서 탈종교화, 세속화 현상이 가속화되고 있음을 알 수 있습니다.

물론 우리 시대에도 기도 생활의 은혜를 누리고 만족하는 사람이 전혀 없는 것은 아닙니다. 마음만 먹으면 언제든지 기도 생활의 은혜를 간증하는 분들의 이야기를 온라인이나 책을 통해 만날 수 있습니다. 그런데 특별한 기도의 응답을 누린다는 그들의 간증을 듣거나 읽다가 보면 한편으로는 가슴이 뜨거워지지만, 또 다른 한편으로는 너무나 가난한 내 기도 생활 때문에 오히려 힘이 빠지고 무기력해지는 때도 있습니다. 더 많이 기도해야 한다는 그들의 외침 앞에서 그렇게 기도에 전념하지 못한 자신에 대해 더 큰 죄책감을 느끼게 되는 때도 있습니다. 은혜받으려고 간증 집회, 영상, 책을 대하다가 오히려 그렇지 못한 자기 처지 때문에 괴리감과 자괴감 때문에 낙심하고, 절망하고, 좌절하는 일들이 있다는 것입니다.

제자들이 기도를 배우고자 했던 이유

"주기도문"은 이 기도를 주님께서 직접 가르치셨다는 이유로 붙여진 이름입니다. 교회 전통에서는 제자들과 모든 그리스도인이 하나님께 드려야 할 '본보기가 될 만한 모범'이라는 차원에서 기도의 전범(典範)으로 주기도문을 이해하고 있습니다.

   그렇다면 예수님께서 제자들에게 주기도문의 내용을 가르치시게 된 계기는 무엇일까요? 우리가 예수님의 속마음을 정확하게 알 수는 없지만 성경의 기록에 근거해 볼 때 예수님께서 제자들에게 주기도문의 내용을 가르치시게 된 두 가지의 이유를 들 수 있습니다.

예수님께서 제자들에게 주기도문의 내용을 가르치시게 된 첫 번째 이유는 예수님의 기도 생활에 동기부여 받은 제자들의 요청 때문입니다.

바울의 전도 여행 동행자였던 의사 누가는 예수님의 행적을 기록한 누가복음에서 예수님의 기도 생활에 대해 특별한 관심을 가지고 기록을 남겼습니다. 예수님은 공적 생애를 시작하는 계기가 되었던 세례 사건에서부터 기도하는 모습으로 등장하십니다.

(눅 3:21) 백성이 다 세례를 받을새 예수도 세례를 받으시고 기도하실 때에 …

예수님께서 세례를 받으면서 기도하실 때 성령의 임재가 있었는데 성령의 특별한 임재가 있고 난 이후 그 은혜에 힘입어 기도하신 것이 아니라 삶의 중요한 순간마다 기도 자체가 습관이셨던 것으로 보입니다.

(눅 3:21~22) 21 … 하늘이 열리며 22 성령이 비둘기 같은 형체로 그의 위에 강림하시더니 …

예수님은 하늘의 초자연적 능력을 가지고 공생애 사역을 행하는 중에도 시간과 장소를 구별해서 의도적으로 기도 생활을 이어 가셨습니다.

(눅 5:16) 예수는 물러가사 한적한 곳에서 기도하시니라

우리는 마음을 다스리지 못해 내 마음과 삶을 지켜 달라고 기도하고, 능력이 없어 능력 달라고 기도하고, 자원이 없어 자원을 달라고 기도합니다. 하지만 그럴 필요가 없는 예수님께서는 사역을 뒤로 미루시면서까지 한적한 곳을 찾아 기도하셨습니다. 심지어 예수님은 때때로 밤을 새워가며 기도하셨습니다.

(눅 6:12) 이 때에 예수께서 기도하시러 산으로 가사 밤이 새도록 하나님께 기도하시고

무엇이 그렇게 간절하고 절박하셔서 밤을 새워 기도하셨을까요?

예수님은 혼자만이 아니라 제자들을 이끄시고 기도만을 목적으로 특정한 장소를 찾으실 때도 있었습니다.

(눅 9:28) … 예수께서 베드로와 요한과 야고보를 데리고 기도하시러 산에 올라가사

누가복음을 통해 하나님의 아들이신 예수님께서도 하나님의 뜻을 받들어 순종하시는 사역만큼이나 하나님과 함께하는 시간, 하나님과 마음을 나누는 기도에 특별히 힘쓰셨다는 것을 알 수 있습니다. 아마도 제자들은 특별한 관심을 가지고 이러한 예수님의 기도 생활을 지켜보고 있었던 모양입니다.

거기에 더해 누가는 11장에서 주기도문의 내용을 기록하기 직전 9장에서 한 사건을 기록합니다. 이 이야기는 귀신에게 사로잡혀 부르짖음, 경련, 거품, 몸을 상하게함 등의 심각한 간질병 증세를 나타내는 외아들을 둔 아버지의 안타까운 이야기입니다.

(눅 9:38~39) 38 무리 중의 한 사람이 소리 질러 이르되 선생님 청컨대 내 아들을 돌보아 주옵소서 이는 내 외아들이니이다 39 귀신이 그를 잡아 갑자기 부르짖게 하고 경련을 일으켜 거품을 흘리게 하며 몹시 상하게 하고야 겨우 떠나 가나이다

이 아버지는 아들을 고치고 싶은 소망으로 예수님을 찾아왔지만 마침 예수님께서 변화산으로 기도하러 가셨습니다. 아버지는 산 아래 남아 있는 제자들에게라도 아들을 위해 기도하여 고쳐주기를 부탁합니다.

(눅 9:40) 당신의 제자들에게 내쫓아 주기를 구하였으나 …

제자들은 그들 나름대로는 기도 생활에 따라 기도와 축사[주]를 시도하였지

만 안타깝게도 귀신 들린 아이를 고치지 못하였습니다.

(눅 9:40) … 그들이 능히 못하더이다

때마침 산에서 기도를 마치고 내려오신 예수님께서 이를 보시고 말씀 한마디의 권세로 귀신으로부터 이 아이를 구해 내시고 고치십니다.

(눅 9:42) … 예수께서 더러운 귀신을 꾸짖으시고 아이를 낫게 하사 그 아버지에게 도로 주시니

제자들을 비롯해 모든 사람은 예수님께서 가지신 특별한 능력에 대해 놀라워했습니다.

(눅 9:43) 사람들이 다 하나님의 위엄에 놀라니라 …

그날 하루의 일과가 다 끝난 후 제자들은 자신들의 기도 능력의 무능함 앞에서 예수님께 조용히 물었습니다.

(막 9:28) 집에 들어가시매 제자들이 조용히 묻자오되 우리는 어찌하여 능히 그 귀신을 쫓아내지 못하였나이까

"우리는 왜 능히 그 귀신을 쫓아내지 못하였을까요?"라고 묻는 제자들에게 예수님께서는 "기도"라는 주제로 대답하십니다.

(막 9:29) 이르시되 기도 외에 다른 것으로는 이런 종류가 나갈 수 없느니라 하시니라

자신들의 무능과 예수님의 능력 차이를 실감한 9장에서의 사건 이후에도 제자들은 여전히 예수님의 기도 생활을 반복하여 목격할 수 있었습니다.

(눅 11:1) 예수께서 한 곳에서 기도하시고 …

그 모습을 지켜보던 한 제자가 이제 막 기도를 마치신 예수님께 다가와 기도를 가르쳐 달라고 요청합니다.

(눅 11:1) … 마치시매 제자 중 하나가 여짜오되 주여 … 우리에게도 가르쳐 주옵소서

유대교 배경에서 살아온 예수님의 제자들은 이미 유대교의 전통적인 기도문 혹은 패턴과 양식을 따른 기도 생활을 이어가고 있었을 것입니다. 그런데도 예수님께 기도를 가르쳐 달라고 요청한 것은 그들이 이미 행하고 있는 유대교적 기도 습성 외에 예수님으로부터 새로운 가르침을 얻을 수 있을 것으로 기대했기 때문이었을 것입니다. 이것이 예수님께서 제자들에게 주기도문을 가르치신 첫 번째 맥락입니다.

예수님께서 제자들에게 주기도문의 내용을 가르치시게 된 두 번째 이유는 세례 요한의 제자들이 보여 주는 기도 생활에 동기 부여를 받은 제자들의 요청 때문입니다.

당시 세례 요한의 제자들의 기도 생활은 일반인들에게도 잘 알려져 있었습니다.

(눅 5:33) 그들이 예수께 말하되 요한의 제자는 자주 금식하며 기도하고 바리새인의 제자들도 또한 그리하되 당신의 제자들은 먹고 마시나이다

반면, 예수님의 제자들에게는 이때까지 공통된 기도의 습관이 형성되어 있지 않았던 모양입니다. 그래서 제자들은 세례 요한을 비롯한 다른 랍비들이 그러했던 것처럼 예수님께 기도에 대한 가르침을 요청합니다.

(눅 11:1) … 요한이 자기 제자들에게 기도를 가르친 것과 같이 우리에게도 가르쳐

주옵소서

인간의 삶과 문제가 뻔하다는 점에서 보자면 사람들이 하는 기도의 내용에 무슨 차이가 그리 크겠습니까? 또한 한 분 하나님께 드리는 기도라고 한다면 요한이 가르친 기도이든, 유대인들이 행해 온 전통적 기도이든 가릴 것이 없어야 합니다. 그런데도 굳이 제자들은 요한이 가르친 기도와는 구분되는 가르침을 달라고 요청합니다. 이는 (제자들은 기도에 대해서 자기가 생각하는 것을 하나님께 아뢰는 것으로만 이해한 것이 아니라) 한 공동체가 가진 공통의 문화 혹은 의식과 연결된 것으로 이해한다는 것을 알 수 있습니다.

무속인이나 불교도, 기독교인 모두 똑같은 기도를 한다는 것은 그들의 소원과 비전에 아무런 차이가 없다는 말로도 해석이 가능한 일입니다. 그렇다면 그리스도인의 기도는 다른 종교인의 기도와 무엇이 달라야 할까요? 하나님 나라 백성의 기도는 세상의 기도와 무엇이 달라야 할까요? 기도를 가르쳐 달라는 제자들의 의도와 의식을 이해한다면 우리도 불특정 절대자에게 삶의 소망을 아뢰는 기도를 해 오던 사람들이었다는 점에서 기도를 새롭게 배워야 할 필요가 있는 사람들입니다.

은혜 안에서 두려움 없이 기도를 배워가라

누구나 답답한 현실로 인한 마음의 탄식이 있어 자신의 소원을 생각이나 말로 표현할 수 있습니다. 그럼에도 불구하고 바울에 의하면 우리는 무엇을 마땅히 기도해야 하는지도 잘 알지 못하는 존재입니다.

(롬 8:26) … 우리는 마땅히 기도할 바를 알지 못하나 …

하나님께서 창조 때 인간에게 주셨던 총명이 어두워지고 마음이 굳어졌기 때문입니다.

(엡 4:18) 그들의 총명이 어두워지고 그들 가운데 있는 무지함과 그들의 마음이 굳어짐으로 말미암아 하나님의 생명에서 떠나 있도다

이런 우리를 위해 예수님은 십자가를 지시고 생명과 경건에 속한 모든 것을 우리에게 주셨습니다.

(벧후 1:3) 그의 신기한 능력으로 생명과 경건에 속한 모든 것을 우리에게 주셨으니 …

예수님은 이 땅에서 십자가를 지신 이후 지금도 하나님 보좌 우편에서 우리를 위해 기도하고 계십니다.

(롬 8:34) … 죽으실 뿐 아니라 다시 살아나신 이는 그리스도 예수시니 그는 하나님 우편에 계신 자요 우리를 위하여 간구하시는 자시니라

아들과 아버지에 의해 보냄 받은 성령님 역시 우리를 버려두고 자기 혼자 자기 일을 하고 계신 것이 아니라 마땅히 해야 할 기도를 알지 못하고, 기도하지 못하는 우리를 위해 친히 중보의 기도를 하고 계십니다.

(롬 8:26) 이와 같이 성령도 우리의 연약함을 도우시나니 … 오직 성령이 말할 수 없는 탄식으로 우리를 위하여 친히 간구하시느니라

그리고 성령의 은혜 안에서 성자의 이름으로 올려드리는 기도를 성부 하나님은 들어주시겠다고 약속하셨습니다.

(요 16:23) … 내가 진실로 진실로 너희에게 이르노니 너희가 무엇이든지 아버지께 구하는 것을 내 이름으로 주시리라

만약 우리가 일정한 수준 이상의 기도 생활을 지키지 않아 구원받을 수 없다고 한다면 누구보다도 치열하게 열심히 기도 생활을 하면서도 불안하고 두려움은 많을 것입니다. 그러나 예수님의 가르침에 근거하면 우리의 기도가 우리의 능력 행함을 결정지을 수는 있지만, 기도 생활이 우리의 구원을 결정짓지는 못합니다. 우리의 구원은 우리의 기도 생활에 달린 것이 아니라, 우리를 위한 성자와 성령 하나님의 기도에 달려 있기 때문입니다.

열심의 부족, 끈기와 성실함의 부족, 간절함의 부족, 기도의 능력 없음을 탄식하는 것만이 아니라 우리를 위한 중보자 예수님의 기도, 보혜사 성령님의 기도, 그 안에서 드리는 우리의 부족한 기도를 받아 주시는 아버지 하나님의 은혜로 인해 기뻐하고 감사해야 합니다. 기도를 배우고 기도에 힘쓰는 가운데 중보자 예수님과 보혜사 성령님과 아버지 하나님 안에서 기도의 즐거움을 누려야 합니다. 이것은 마치 아버지가 아이의 자전거 뒤를 붙들고 있는 상황에서 아이가 페달^{pedal}을 밟는 것과 마찬가지입니다. 나의 핸들링^{handling}과 페달링^{pedaling}이 자전거가 넘어지지 않게 하는 것이 아니라 주님의 손, 주님의 사역, 주님의 기도가 우리의 삶을 붙들고 있습니다. 이 은혜의 확신 안에서 예수님의 기도를 배워갑시다.

Chapter 2

너희는 기도할 때에

5 또 너희는 기도할 때에 외식하는 자와 같이 하지 말라
그들은 사람에게 보이려고 회당과 큰 거리 어귀에 서서
기도하기를 좋아하느니라
내가 진실로 너희에게 이르노니
그들은 자기 상을 이미 받았느니라
6 너는 기도할 때에 네 골방에 들어가 문을 닫고
은밀한 중에 계신 네 아버지께 기도하라
은밀한 중에 보시는 네 아버지께서 갚으시리라
7 또 기도할 때에 이방인과 같이 중언부언하지 말라
그들은 말을 많이 하여야 들으실 줄 생각하느니라
8 그러므로 그들을 본받지 말라
구하기 전에 너희에게 있어야 할 것을
하나님 너희 아버지께서 아시느니라
(마 6:5~8)

제자들은 귀신에 사로잡혀 심각한 간질병 증세를 나타내는 아들을 고치는 사건에서 예수님의 기도 생활에 따른 능력을 경험했습니다. 자신들은 나름대로 정통 유대교 종교 생활의 관점에서는 충분히 잘하고 있다고 여겼는데 능력의 면에서는 초라함이 드러났습니다. 바울이 디모데에게 말했던 것처럼 제자들은 "경건의 모양은 있으나 경건의 능력은 없는"(딤후 3:5) 사람들이었습니다. 유대교 기도 생활에는 익숙했지만, 그것만으로는 넘어설 수 없는 한계가 있음을 경험하고 나자, 제자들은 예수님께 기도를 가르쳐 달라고 요청합니다. 그뿐 아니라 세례 요한이 그의 제자들에게 그들만의 기도에 대해 가르친 것에 동기부여를 받아 예수 공동체만의 정체성이 될 만한 기도를 가르쳐 달라고 요청했습니다.

이에 대한 응답으로 예수님은 제자들에게 기도에 대하여 가르치십니다. 그런데 주기도문을 가르치시기 전에 예수님은 당대의 기도 습관에 대해 말씀하십니다. 그것은 기도의 횟수, 시간, 자세, 방법에 관한 것이 아니라 기도의 본질에 관한 것이었습니다. 주기도문의 의미를 바로 알고 기도하려면 주기도문의 서론 격인 마태복음 6장 5절에서 8절의 말씀을 먼저 이해해야 합니다.

습관을 따라 기도하라

성경에 나타난 유대인들의 일상적인 "정기적인 기도의 시각 혹은 횟수"는 어떠했을까요?

다윗의 시편을 통해 볼 때 유대인들은 보편적으로 하루 세 번의 기도 관례를 지켰던 것으로 보입니다.

(시 55:17) 저녁과 아침과 정오에 내가 근심하여 탄식하리니 여호와께서 내 소리를 들으시리로다

다니엘도 하루 세 번의 관례를 따라 기도 습관을 지켰습니다.
(단 6:10) … 전에 하던 대로 하루 세 번씩 무릎을 꿇고 기도하며 그의 하나님께 감사하였더라

스가랴나 다니엘 같은 경우 성전에서 저녁 제사가 드려지는 제9시$^{오후 3시}$를 의무적 기도 시간으로 지켰습니다.
(스 9:5) 저녁 제사를 드릴 때에 …
(단 9:21) … 저녁 제사를 드릴 때 즈음에 내게 이르더니

사도행전의 기록에 나타난 베드로의 일상적 기도 생활을 보더라도 제6시^{정오}에는 생활하던 처소에서 기도 시간을 지켰고,
(행 10:9) 이튿날 그들이 길을 가다가 그 성에 가까이 갔을 그 때에 베드로가 기도하려고 지붕에 올라가니 그 시각은 제 육 시더라

제9시$^{오후 3시}$에는 성전을 찾아가 기도하는 전통적 관례를 철저하게 지켰던 것으로 보입니다.
(행 3:1) 제 구 시 기도 시간에 베드로와 요한이 성전에 올라갈새

이방인이었던 고넬료 역시 유대교인으로 살면서 오후 3시에 드려지는 기도 시간을 지켰음을 알 수 있습니다.
(행 10:30) 고넬료가 이르되 내가 나흘 전 이맘때까지 내 집에서 제 구 시 기도를 하는데 …

성경에 나타난 유대인들의 일상적인 "기도의 장소"는 어디였을까요?

사도행전의 기록을 보면 예수님의 제자 베드로와 요한은 정한 시간에 성전을 찾아가 기도하고,
(행 3:1) 제 구 시 기도 시간에 베드로와 요한이 성전에 올라갈새

이방인으로서 성전에 갈 수 없는 형편이었던 고넬료같이 회심한 초신자들은 정한 시간에 집에서 기도하고,
(행 10:30) 고넬료가 이르되 내가 나흘 전 이맘때까지 내 집에서 제 구 시 기도를 하는데 …

여행 중이었던 베드로는 기도의 시간을 지키기 위해 지붕^{옥상}에 올라가 기도하기도 했습니다.
(행 10:9) 이튿날 그들이 길을 가다가 그 성에 가까이 갔을 그 때에 베드로가 기도하려고 지붕에 올라가니 그 시각은 제 육 시더라

성경에 나타난 유대인들의 일상적인 "기도의 자세"는 어떠했을까요?

그들은 때로 성전을 찾아가 서서 기도하기도 하고,
(눅 18:11) 바리새인은 서서 따로 기도하여 …
(눅 18:13) 세리는 멀리 서서 …

때로는 성전에 들어가 앉아 기도하기도 하고,
(삼하 7:18) … 여호와 앞에 들어가 앉아서 이르되 …

무릎을 꿇고 기도하기도 하고,

(눅 22:41) … 무릎을 꿇고 기도하여

심지어 얼굴을 땅에 대고 엎드려 기도하기도 했습니다.

(마 26:39) … 얼굴을 땅에 대시고 엎드려 기도하여 …

복음서에 나타난 "예수님의 일상적 기도 습관"도 이러한 패턴과 크게 다르지 않았습니다. 좀 더 다양하고 자유로운 동시에 적극적입니다. 예수님께서는 일상생활을 시작하기 전 새벽 시간에 무리에게서 떠나 한적한 곳에서 하나님께 기도하기도 하셨고,

(막 1:35) 새벽 아직도 밝기 전에 예수께서 일어나 나가 한적한 곳으로 가사 거기서 기도하시더니

일과를 마치고 기도하기도 하셨고,

(막 6:46) 무리를 작별하신 후에 기도하러 산으로 가시니라

밤을 새워 기도하신 때가 있었고,

(눅 6:12) 이 때에 예수께서 기도하시러 산으로 가사 밤이 새도록 하나님께 기도하시고

습관을 따라 일정한 장소에서 기도하셨습니다.

(눅 22:39) 예수께서 나가사 습관을 따라 감람산에 가시매 제자들도 따라갔더니

제자들에게는 낙심하지 말고 끈기 있게 ^(반복하여)기도할 것을 가르치기도 하셨고,

(눅 18:1) 예수께서 그들에게 항상 기도하고 낙심하지 말아야 할 것을 비유로 말씀하여

본인 자신도 같은 제목으로 반복하여 기도하기도 하셨습니다.
(막 14:39) 다시 나아가 동일한 말씀으로 기도하시고

때로는 가까이 있는 제자들에게까지 들리는 정도의 소리를 내어 기도하셨습니다.
(마 11:25) 그때에 예수께서 대답하여 이르시되 천지의 주재이신 아버지여 이것을 지혜롭고 슬기 있는 자들에게는 숨기시고 어린아이들에게는 나타내심을 감사하나이다

예수님의 기도는 전적으로 하나님과 관계된 행위였습니다.
(마 26:39) 조금 나아가사 얼굴을 땅에 대시고 엎드려 기도하여 이르시되 내 아버지여 만일 할 만하시거든 이 잔을 내게서 지나가게 하옵소서 그러나 나의 원대로 마시옵고 아버지의 원대로 하옵소서 하시고

그렇다면 우리는 이러한 유대인들과 예수님의 기도 전통에서부터 무엇을 배울 수 있을까요? 기도는 누군가 정한 규율대로 하는 것이 아니라 자신이 정한 방법을 따라 해야 한다는 것입니다. 그러나 동시에 하나님의 구원 역사는 기도하는 사람을 통해 이루어집니다. 하나님의 구원 역사는 일상의 습관 속에서 이루어집니다. 하나님의 구원 역사는 하나님을 사랑하고 하나님과 더 깊은 교제를 나누려고 힘쓰는 사람을 통해 이루어집니다.

주의해야 할 기도의 습관

마태복음 6장 5절, 6절, 7절은 "너희는 기도할 때에"라는 말씀으로 시작됩니다.

(마 6:5) 또 너희는 기도할 때에 …
(마 6:6) 너는 기도할 때에 …
(마 6:7) 또 기도할 때에 …

그리고는 5절과 7절에 반복해서 "… 같이 하지 말라"고 말씀하십니다.

(마 6:5) … 같이 하지 말라 …
(마 6:7) … 같이 … 하지 말라 …

예수님께서 제자들에게 주기도문을 가르치시기 전에 이 본문에서 '너희는 기도할 때에 … 같이 하지 말라'는 말씀을 통해 '기도할 때 피해야 할 두 가지 내용'을 먼저 말씀하십니다. 기도에서 주의할 것이 어찌 두 가지 내용뿐이겠습니까마는 이 두 가지를 특별히 말씀하셨다는 것은 그만큼 이 내용이 기도할 때 사람들이 저지르는 보편적인 실수라는 것을 알 수 있습니다. 예수님께서 가르치신 '기도할 때의 두 가지 주의 사항'을 잘 배워 하나님이 기뻐 받으시는 기도를 드리는 더 나은 기도의 사람이 되기를 바랍니다.

예수님께서 기도할 때 주의하라고 가르치신 첫 번째 내용은 당대 종교인들처럼 위선적으로 기도하지 말아야 한다는 것입니다.

(마 6:5) 또 너희는 기도할 때에 외식하는 자와 같이 하지 말라 그들은 사람에게 보이려고 회당과 큰 거리 어귀에 서서 기도하기를 좋아하느니라 내가 진실로 너희에게 이르노니 그들은 자기 상을 이미 받았느니라

예수님께서 지금 대표기도, 공동기도, 합심기도, 통성기도, 작정기도, 반복기도, 긴 기도를 비판하는 것은 아닙니다. 예수님께서 제자들에게 먼저 강조하며 가르치신 것은 기도의 자세나 방법, 시간에 대한 것이 아니라 "기도할 때의 마음가짐"이었습니다.

유대인들에게는 바벨론 포로 이후 형성된 회당 전통에서 신명기 6장 4절 말씀의 쉐마를 외우는 것으로 시작하여 18개의 축복 기도문을 읽으며 기도하는 문화가 있었다고 합니다. 어쩌면 신약 시대를 살았던 예수님과 제자들도 이런 종교문화 관례에 익숙하였을 것입니다. 어쩌면 너무나도 익숙한 유대교 문화 안에서 살던 당대 사람들은 '기도의 본질'을 '하나님과의 소통과 교제'보다는 '종교적 의무를 이행하는 것'으로 오해하고 있었을 수도 있습니다.

예수님께서는 회당과 큰 거리 어귀에 서서 기도하기를 좋아하는 사람들을 예로 들면서 기도할 때 외식하지 말라고 가르치십니다. 무엇이 외식外飾입니까? 외식이란 한자어 의미 그대로 '바깥을外 꾸미는飾 것'입니다. '실제는 그렇지 못한데 그런 것처럼 꾸미는 것'은 '거짓으로 착한 척한다'라는 의미의 위선僞善과 같은 말입니다.

외식과 위선에 대해서 주의해야 할 것이 있습니다. 내가 교회에 가고 싶지 않은 마음인데도 교회에 나오는 것은 위선이 아니라 신실함과 책임감입니다. 하고 싶은 마음이 줄어드는데도 바른길을 걷고, 바른 선택을 하는 것은 위선이 아니라 성숙함입니다. 뭘 기도해야 하는지 모르는 답답한 마음, 내 기도를 들으실까 하는 회의적인 마음, 오랜 기도에 지쳐 기도한들 무슨 소용이 있나 싶어 기도하고 싶지 않은 투정의 마음은 위선이 아니라 연약함입니다.

'회당'은 예배를 목적으로 많은 사람이 모이는 '실내'이고, '큰 거리'는 불특정 다수가 모이는 '실외'입니다. '회당'은 경건을 추구하는 사람이 모여 있는 곳이었고, '큰 거리 어귀'는 '거리의 모서리'로써 이쪽에서도 저쪽에서도 다 발견되는 자리입니다. 어찌 되었든 두 장소 모두 '사람이 많이 모이고 목격될 수 있는 자리'라는 공통점이 있습니다.

기도야 어디서든 할 수 있는 일이고, 해야만 하는 일이지만 그들이 이런 곳에서 기도하는 이유는 무엇입니까? 그것이 왜 외식하는 기도입니까? 예수님께서 지적하신 것은 그들이 '하나님께' 기도하는 것이 아니라 '사람에게 보이려고' 기도한다는 점입니다. 이것이 말씀의 핵심입니다.

그런데 예수님께서 언급하신 이 사람들은 왜 그렇게 기도할까요? 기도는 하나님께 하는 것인데 왜 사람들에게 보이려고 할까요? 사람마다 그 이유는 다르겠지만 하나님으로부터 오는 응답에 대한 기대보다 경건함에 대한 사람들의 인정을 더 기대하기 때문일 것입니다. 아마도 이런 사람들은 기도를 통해 하나님과의 친밀한 소통이나 응답을 누려보지 못한 경우가 많을 것입니다. 기도의 기쁨과 응답의 기쁨은 알지 못하는데도 기도가 강조되는 종교문화 안에서의 삶을 사는 사람들로서는 그들이 현실적으로 기도를 통해 얻을 수 있는 것은 하나님과의 친밀함이나 응답이 아니라 사람들의 평판뿐일 것입니다.

그런 점에서 이미 이 사람들의 기도는 대상이 잘못되었고, 기도의 본래 목적에서 벗어났습니다. 기도는 하나님을 향한 일인데 사람을 바라보고 이 일을 행했으니 (하나님의 응답이 없어도) 사람으로부터 인정과 보상을 받으면 그것으로 목적을 성취한 것입니다. 그래서 예수님께서는 이렇게 말씀하십니다.

(마 6:5) "그들은 자기 상을 이미 받았느니라"

그렇다면 예수님의 제자들은 어떻게 기도해야 합니까?
(마 6:6) 너는 기도할 때에 네 골방에 들어가 문을 닫고 은밀한 중에 계신 네 아버지께 기도하라 은밀한 중에 보시는 네 아버지께서 갚으시리라

예수님은 우리에게 기도할 때는 골방에 들어가 문을 닫고 은밀한 중에 계신 하나님께 기도하라고 말씀하십니다.

유대인들의 가옥 구조에 의하면 '골방'은 집 안에서 창고로 사용되던 작은 방, 다락방 같은 공간입니다. 골방은 외부의 방해를 받지 않는 공간으로 다른 목적의 일을 할 수 없는 공간입니다. 하나님과의 교제를 나눌 수 있는 은밀함과 독점성의 상징적 공간입니다.

예수님은 '회당'과 '큰 거리 어귀'와 '골방'을 대조하시면서 '절대로 남이 보지 못하는 곳에서 기도하라'고 가르치시는 것이 아니라, '하나님과만 독대하며 하나님께 초점이 맞추어진 기도를 하라'고 가르치시는 것입니다. 그리스도인은 사람에게 보이려고 기도하지 말고 보이지 않는 하나님께 집중하여 기도해야 합니다.

오늘날 우리 생활에서 혼자 조용히 기도할 공간을 찾는 것은 쉽지 않습니다. 집에 방이 여유가 있다면 한 방에 혼자 들어가 기도하는 것도 좋은 방법이고, 그럴만한 공간이 없는 분 중에는 가족이 일어나기 전 싱크대 앞에 꿇어 엎드리는 분들도 계신다고 합니다. 그런데 저의 경험상 혼자서 은밀하게 기도하기 가장 좋은 (골방과 같은) 공간은 자동차 안이라고 생각합니다. 물론 아파트 지하 주차장에서 그러면 오해받겠지만 누가 나를 보는 것에 눈치 보지 않아도 되는 한적한 도로변이나 강변 어디엔가 잠시 차를 세워두고 소리를 지르고 찬

송을 크게 부르며 주님과 교제하는 것도 좋을 것 같습니다.

예수님께서 기도할 때 주의하라고 가르치신 두 번째 내용은 중언부언하는 기도를 하지 말라는 것입니다.
> (마 6:7) 또 기도할 때에 이방인과 같이 중언부언하지 말라 그들은 말을 많이 하여야 들으실 줄 생각하느니라

여기서 예수님께서 '이방인'을 언급하시는 것은 인종적이고 민족적인 혈통을 말씀하시는 것이 아니라 우상을 섬기는 사람들, 사람이 만든 신에게 기도하는 사람들을 일컫는 말입니다. 예수님께서 보시기에는 중언부언하는 기도는 하나님이 아닌 우상을 섬기는 사람들에게서 자주 발견되는 모습이었습니다. "중언부언"(重言復言)이란 문자적으로는 '말을 많이 하여 말의 무게를 더한다'라는 뜻인데 '빈 말을 되풀이한다'는 의미로 사용됩니다. 그 시대 사람들이 중언부언하는 기도를 우리가 보지는 못했지만, 예수님께서 '기도의 깊이'를 '말을 많이 하는' 것과 연결시키고 있다는 것은 분명해 보입니다.

성경을 통해 볼 때 이방 신을 섬기는 사람들이 중언부언하며 말을 많이 하는 것이 어떤 모습일지를 추측해 볼 수 있는 사건이 있습니다.

신약성경 사도행전 19장의 기록을 보면 사도 바울이 에베소 지역에서 전도할 때 우상의 헛됨과 그리스도를 통한 구원을 전파하자 아데미 여신의 신상을 만들어 팔던 업자들이 대규모 시위를 한 적이 있었는데 이 자리에서 그들은 두 시간 동안이나 신의 이름을 불러 댑니다.
> (행 19:34) 그들은 그가 유대인인 줄 알고 다 한 소리로 외쳐 이르되 크다 에베소 사람의 아데미여 하기를 두 시간이나 하더니

신의 이름을 부르고는 있지만 이 외침은 신이 들어주기를 바라는 것이 아니라, 권력자가 들어주기를 바라는 것이었습니다. 신이 들으라고 신의 이름을 외친 것이 아니라 사람이 들으라고 신의 이름을 불렀습니다. 그들은 사업상의 손해로 인한 불만을 종교적 신앙심으로 포장하였습니다. 예수님께서 말씀하신 외식外飾이었습니다.

또한 구약성경 열왕기상 18장의 기록을 보면 갈멜산의 엘리야에 맞선 바알과 아세라의 선지자들은 그들의 간절함을 표현하기 위해 기도 가운데 아침부터 낮까지 바알의 이름을 부릅니다.
> (왕상 18:26) 그들이 받은 송아지를 가져다가 잡고 아침부터 낮까지 바알의 이름을 불러 이르되 바알이여 우리에게 응답하소서 …

이렇게까지 하는데도 아무 응답이 없자 이제는 제단 주위에서 제의적 춤을 춥니다(danced around the altar).
> (왕상 18:26) … 아무 소리도 없고 아무 응답하는 자도 없으므로 그들이 그 쌓은 제단 주위에서 뛰놀더라

오전 내내 이렇게 기도해도 별다른 응답이 없자 이제는 더 큰소리로 신의 이름을 부를 뿐 아니라 칼과 창으로 자기 몸을 상하게 하여 피가 흐르게 합니다.
> (왕상 18:28) 이에 그들이 큰 소리로 부르고 그들의 규례를 따라 피가 흐르기까지 칼과 창으로 그들의 몸을 상하게 하더라

그렇게 약 세 시간이 지나도 아무 응답이 없자 그들은 "미친 듯이 떠들어" 댑니다. '미친 듯이 악을 쓰고 고래고래 소리를 질렀다'raved는 말입니다.

(왕상 18:29) 이같이 하여 정오가 지났고 그들이 미친 듯이 떠들어 저녁 소제 드릴 때까지 이르렀으나 아무 소리도 없고 응답하는 자나 돌아보는 자가 아무도 없더라

이렇게 이방 선지자들과 종교인들은 자신의 간절함 정도에 비례하여 기도 응답을 얻는 줄 압니다. 그러나 하나님의 사람 엘리야는 말씀과 언약에 근거해 믿음으로 기도합니다. 별다른 간절함의 행위 없이 인격이신 하나님께 기도했습니다.

(왕상 18:37) 여호와여 내게 응답하옵소서 내게 응답하옵소서 이 백성에게 주 여호와는 하나님이신 것과 주는 그들의 마음을 되돌이키심을 알게 하옵소서 하매

그러자 하나님께서 하늘에서 불을 내려 엘리야의 기도에 응답하셨습니다. (왕상 18:38~39) 38 이에 여호와의 불이 내려서 번제물과 나무와 돌과 흙을 태우고 또 도랑의 물을 핥은지라 39 모든 백성이 보고 엎드려 말하되 여호와 그는 하나님이시로다 여호와 그는 하나님이시로다 하니

엘리야의 기도는 중언부언하는 기도가 아니었습니다.

믿음으로 기도하라

기도의 응답은 많은 말에 달려 있지 않습니다. 기도의 능력이 나타나는 근원은 '기도자의 많은 말'이 아니라 '하나님 아버지의 은혜'입니다. 기도의 능력이 나타나는 근원은 '나의 간절함'이 아니라 '우리를 향한 하나님 아버지의 사랑과 은혜'입니다.

부모가 자식을 키울 때를 생각해 보면 자식이 자기 성공을 꿈꾸며 기도하는 것보다 자식이 그렇게 되기를 부모는 더 간절히 기도합니다. 마찬가지로 우리가 하나님께 기도할 때 우리는 내가 간절하다고 생각하지만, 사실은 하나님이 더 간절하십니다. 우리가 기도하는 대상인 하나님 아버지는 우리의 기도를 들어줄까 말까를 재고 있는 분이 아니라 우리가 기도하기 이전에 우리에게 무엇이 있어야 하는지 이미 알고 계신 분입니다.

(마 6:8) 그러므로 그들을 본받지 말라 구하기 전에 너희에게 있어야 할 것을 하나님 너희 아버지께서 아시느니라

하나님은 인류의 생존에 필요한 모든 것을 악인과 의인, 신자와 불신자 상관없이 이미 제공해 주고 계십니다.

(마 5:45) 이같이 한즉 하늘에 계신 너희 아버지의 아들이 되리니 이는 하나님이 그 해를 악인과 선인에게 비추시며 비를 의로운 자와 불의한 자에게 내려주심이라

그러나 그 기본의 은혜, 통상적이고 보편적인 은혜 외에 하나님과 깊은 인격적 교제를 맺으며 누리는 축복은 '예수님을 믿는 믿음과 예수님 이름의 기도를 통해서만' 우리에게 허락하십니다.

(요 14:13) 너희가 내 이름으로 무엇을 구하든지 내가 행하리니 이는 아버지로 하여금 아들로 말미암아 영광을 받으시게 하려 함이라

(요 15:16) 너희가 나를 택한 것이 아니요 내가 너희를 택하여 세웠나니 이는 너희로 가서 열매를 맺게 하고 또 너희 열매가 항상 있게 하여 내 이름으로 아버지께 무엇을 구하든지 다 받게 하려 함이라

(요 16:23) 그날에는 너희가 아무 것도 내게 묻지 아니하리라 내가 진실로 진실로 너희에게 이르노니 너희가 무엇이든지 아버지께 구하는 것을 내 이름으로 주시리라

살아계신 하나님은 우리의 필요 때문이 아니라 기도 때문에 우리에게 응답하십니다. 살아계신 하나님은 우리의 행위나 간절함 때문이 아니라 예수님 때문에 우리에게 응답하십니다. 하나님은 우리의 필요를 채우시기 위해 예수님을 통해 우리와 관계를 맺고, 기도라는 방법으로 우리와 교제하고, 기도의 응답이라는 방법을 통해 일하기를 기뻐하십니다.

그렇기에 하나님께 기도할 때 우리에게 필요한 것은 간절함이 아니라 믿음입니다.
(히 11:6) 믿음이 없이는 하나님을 기쁘시게 하지 못하나니 하나님께 나아가는 자는 반드시 그가 계신 것과 또한 그가 자기를 찾는 자들에게 상 주시는 이심을 믿어야 할지니라

우리의 기도는 인격적 관계성이 없는 간구를 통해 신을 굴복시키거나 감동시켜 응답을 받는 것이 아니라 하나님과의 관계성 안에서 나의 필요를 아시는 하나님의 은혜를 누리는 것입니다.
(사 65:24) 그들이 부르기 전에 내가 응답하겠고 그들이 말을 마치기 전에 내가 들을 것이며

하나님과 맞서려 하지 마십시오. 하나님을 이기려 들지 마십시오. 하나님을 설득하려고 하지 마십시오. 하나님을 받아들이고, 하나님의 섭리를 받아들이고, 주어진 자기 삶을 받아들이고, (내게 없는 것, 더 얻기를 원하는 것에 매이지 말고) 하나님께서 이미 주신 것을 누리십시오.

우리는 어떻게 기도해야 합니까? 우리는 기도의 때, 방법, 자세, 시간을 묻기보다 예수 믿는 믿음 안에서, 예수 이름으로, 성령의 도우심을 의지하여, 아버

지이신 하나님께 진실하고 겸손하게 나아가야 합니다. 그리고 생각하는바, 느끼는바, 필요한바, 소원하는바 모든 것을 대화하듯이 하나님께 아뢰어야 합니다. 주님께서 듣고 계십니다. 하나님만 바라보는 기도를 통해 하나님과 깊은 교제를 누려야 합니다.

Chapter 3

너희는 이렇게 기도하라

그러므로 너희는 이렇게 기도하라

(마 6:9)

오늘날 한국 교육의 문제는 무엇일까요? 학생들을 향한 교사들의 사명감과 교사들을 향한 학생들의 존중감이 사라진 학교 현장도 문제일 것입니다. 그러나 수업의 목적을 시험 점수로 여기는 것이야말로 가장 큰 문제가 아닐 수 없습니다. 그러다 보니 정작 시험에서는 좋은 점수를 얻었는데 대학과 직장에서 사고능력, 문제해결 능력, 인간관계, 인내력, 배려심이 없는 경우가 많습니다. 시험 점수는 높은데 '사람들과 더불어 세상을 살아갈 힘'은 전혀 갖춰져 있지 않는 것이 우리 교육의 아픈 현실입니다. 교육의 목적이 기능이나 기술 전수가 아니라 '삶을 살아갈 힘을 갖추는 것'으로 전환되어야 한다고 생각합니다.

한국 교회의 신앙지도와 기도 생활도 이와 마찬가지인 것 같습니다. 못하는 기도라도 해보는 경험, 응답이 없는 지루한 기도 생활을 견디는 것, 그 과정에서 고민하면서 배우는 것과 깨닫는 것이 있고 변화되고 성장하는 것이 있는데 기다림을 통한 성숙은 원치 않고, 원하는 것만 하나님으로부터 얻어내는 기술로써의 기도를 배우려 합니다. 많은 분이 예수님께서 가르치신 기도로 기도하면 응답이 빨리 올 것으로 생각할지 모르지만, 예수님은 주기도문을 통해 '어떻게 기도하면 빨리 응답받을 수 있는가?'를 가르치신 것이 아닙니다.

저 사람이 어떤 사람인가를 알고자 할 때 근거로 삼을만한 기준이 여러 가지가 있겠지만 그중 하나가 기도입니다. 한 사람의 소원에는 삶의 필요뿐만 아니라 삶의 방향과 가치를 담고 있으므로 그 사람의 기도를 보면 그가 어떤 세상을 꿈꾸는지, 어떤 삶을 꿈꾸는지, 어떤 가치를 추구하는지, 어떤 성취를 원하는지 알 수 있습니다. 기도는 '삶의 비전'인 동시에 '삶의 지향성'이고, '삶의 태도'와 연결되어 있습니다. 그래서 예수님은 주기도문을 통해 우리가 무슨 생각을 하며, 어떤 방향성을 바라보며, 무엇을 꿈꾸며 살아가야 하는가를 가르치십니다.

무엇이 우리를 기도하게 만듭니까? 채워지지 않는 '필요', 더 정확하게 말하면 채워지지 않는 '욕망'입니까? 아니면 내 삶의 안녕^{평안}을 흔들고 위협하는 '현실'입니까? 아니면 이루어지기를 기대하는 '변화'와 '비전'입니까? 이 질문을 다르게 표현할 수 있습니다. 왜 기도합니까? 무엇을 기도합니까? 어떻게 기도합니까? 이것이 바로 우리가 주기도문을 살펴보면서 가져야 할 질문이고, 주기도문을 통해 배워야 할 원리입니다.

그리스도인의 기도 근거

우리는 통상적으로 자신이 믿는 절대자에게 자신이 희구$^{바랄希 구할求}$하는 것들을 간구하는 행위를 두고 '기도'라고 합니다. 그런데 나이, 성별, 지역, 성격, 재산, 학력, 직업과 상관없이 오늘날 우리 그리스도인들의 기도라는 것이 대부분 건강, 일 잘되고 돈 잘 벌고, 자식의 성적/입학/취직/승진 등의 일에 관한 것일 때가 많습니다. 기도의 내용만 두고 보자면 기도의 대상만 다를 뿐 절간에서나, 바위 앞에서나, 교회에서나 매일반입니다. 그런데 만약 이런 것이 기도의 전부라고 한다면 기도는 대상만 다를 뿐 그 내용과 목적은 어떤 종교냐, 신앙의 성숙은 어느 정도이냐는 큰 상관이 없는 것이라고 말할 수 있습니다.

그래서 성경을 통해 바라볼 때 그리스도인으로서 기도에 대하여 알아야 할 중요한 사실이 몇 가지 있습니다.

첫째, 예수님의 십자가 공로가 아니었다면 하나님께서 우리의 기도를 들어 주실 이유가 없다는 것입니다.

(요 16:23) … 너희가 무엇이든지 아버지께 구하는 것을 내 이름으로 주시리라

예수 안 믿어도 누구나 하나님의 이름을 부르며 기도 할 수 있습니다. 그런데 하나님이 우리의 기도를 들어주시는 것은 예수님 때문입니다. 예수님을 믿어 하나님과의 관계가 회복되지 않은 사람들은 여전히 하나님과 관계가 끊어진 상태입니다. 예수님의 아버지이신 하나님은 오직 예수님 안에서 예수님을 믿는 사람들의 아버지가 되셔서 기도를 들어주십니다.

둘째, 사도 바울은 우리를 두고 '마땅히 기도할 바를 알지 못하는 존재'라고 말합니다.

(롬 8:26) … 우리는 마땅히 기도할 바를 알지 못하나 …

우리는 누구나, 언제든지, 무엇이든지 기도할 수 있고, 항상 기도하는 마음으로 살아가는 데도 불구하고 마땅히 기도해야 할 것이 무엇인지 알지 못하는 존재입니다.

셋째, 하나님 아버지와 아들 예수님이 우리에게 보내주신 성령님은 (마땅히 기도할 바를 알지 못하는) 우리를 위해 중보仲保 Mediate; intercession하며 도우시는 분이십니다.

(롬 8:26) 이와 같이 성령도 우리의 연약함을 도우시나니 … 오직 성령이 말할 수 없는 탄식으로 우리를 위하여 친히 간구하시느니라

예수 믿는 우리가 반드시 알아야 할 영적 진리가 이것입니다. 우리는 우리의 기도가 충분해서 지금의 은혜를 누리고 있는 것이 아닙니다. 우리의 기도만으로는 우리에게 필요한 은혜를 다 간구할 수도 없고 받아 누릴 수 없습니다. 우리 곁에서 우리를 돕는 분, 우리의 상담자요 변호사이신 보혜사 성령님이 우리를 위하여, 우리를 대신하여, 우리에게 필요한 기도를 하고 계시기 때

문에 우리는 구하지도 않은 은혜를 누리고 있습니다. 우리 기도의 수준과 내용이 어떠하든, 분량과 시간이 얼마이든 그 부족한 모든 것을 채우시는 분이 성령님이십니다.

넷째, 마땅히 기도할 바를 알지 못하는 우리를 위해 예수님께서 기도를 가르쳐 주셨습니다.

예수님께서 주기도문을 가르치시게 된 배경을 성경은 이렇게 기록하였습니다.

(눅 11:1~2) 1 예수께서 한 곳에서 기도하시고 마치시매 제자 중 하나가 여짜오되 주여 요한이 자기 제자들에게 기도를 가르친 것과 같이 우리에게도 가르쳐 주옵소서 2 예수께서 이르시되 너희는 기도할 때에 이렇게 하라 …

기도를 가르쳐 달라는 제자들에게 예수님께서는 "너희는 이렇게 기도하라"고 말씀하시며 주기도문을 가르치십니다.

(마 6:9) 그러므로 너희는 이렇게 기도하라 …

"이렇게 기도하라"는 말씀은 "이 문장으로만 기도하라" 혹은 "이 기도문을 조사 하나 틀리지 말고 외우라"는 말씀이 아니라, 이런 방식으로 _in this manner_ 혹은, 이런 형식을 따라서 _after this manner_ 기도하라는 가르침입니다.

주기도문 개요

주기도문을 처음 어떻게 접하셨습니까? 일반적인 한국 교회 문화에서는 회

중 예배를 시작할 때 사도신경을 고백하고 목사님의 축도가 없는 예배에서 마침 기도로 주기도문을 암송할 때가 많습니다. 그러다 보니 성도들도 주기도문을 예배를 위한 순서나 제의祭儀로 이해하는 경우가 많고 이 기도문을 암기하는 데 그칠 뿐 그 내용을 깊이 있게 묵상하지는 못하거나, 각자의 기도 생활에서 주기도문을 활용하거나, 그 내용을 따라 기도하는 경우는 많지 않은 듯합니다. 그래서 어떤 목사님은 한국 교회 성도들이 주기도문의 내용은 제대로 이해하지 못하고, 의미를 담아 고백하지 않고 무의식적으로 암기만 하고 있다는 점에서 주기도문에서 '**주기도문**'의 정신은 빠지고 '**주기도문**'만 남았다고 말씀하기도 합니다.

그렇습니다. 교회를 중심으로 신앙생활을 하다 보면 교회에서 행해지는 표면적인 종교문화는 빨리 익힐 수 있는데 그 예식이나 행위의 의미를 배워가는 데는 시간이 필요합니다. 날마다 우리가 행하는 종교 행위의 의미를 스스로 묻고 생각하면서 배워 (종교 행위의 의미를 알고 신앙생활 해 나가시며) 그 신앙적 깊이를 더해가는 그리스도인이 되기를 바랍니다.

예수님께서 가르치신 주기도문은 마태복음(마 6:9~13)과 누가복음(눅 11:2~4)에 기록되어 있습니다. 마태복음과 누가복음에 기록된 주기도문을 대조해 보면 ① 하나님을 부르고 ② "당신-하나님"에 대한 간구 ③ "우리"에 대한 간구 ④ "송영"으로 이루어져 있습니다. 두 복음서의 차이는 ① 하나님의 이름을 부를 때의 부연 설명 ② 기도문 결론부 송영의 유무 ③ '하나님의 뜻이 땅에서도 이루어지기를 간구'하는 내용의 유무에서 차이가 있지만 핵심적인 내용은 같습니다. 이를 도표로 정리해 보면 다음과 같습니다.

		마태복음	누가복음
하나님의 부름		하늘에 계신 우리 아버지여	아버지여
청원	당신	① ('당신'의) 이름이 거룩히 여김을 받으시오며	① ('당신'의) 이름이 거룩히 여김을 받으시오며
		② ('당신'의) 나라가 임하시오며	② ('당신'의) 나라가 임하시오며
		③ ('당신'의) 뜻이 하늘에서 이루어진 것 같이 땅에서도 이루어지이다	
	우리	① '우리'에게 일용할 양식을 주시옵고	① '우리'에게 일용할 양식을 주시옵고
		② '우리'가 우리에게 죄 지은 자를 사하여 준 것 같이 우리 죄를 사하여 주시옵고	② '우리'가 우리에게 죄 지은 모든 사람을 용서하오니 우리 죄도 사하여 주시옵고
		③ '우리'를 시험에 들게 하지 마시옵고 다만 악에서 구하시옵소서	③ '우리'를 시험에 들게 하지 마시옵소서
송영		(나라와 권세와 영광이 아버지께 영원히 있사옵나이다 아멘)	

하나님께서는 400년이 넘게 살았던 이집트 삶의 양식에 완전히 젖어있던 이스라엘 백성이 출애굽 이후 구원받은 하나님의 백성으로 살아가야 할 삶의 원리로써 모세 율법을 주셨습니다. 예수님께서는 산상수훈을 통해 이 율법을 재해석하시고 새로운 하나님 나라 백성의 삶의 원리를 선포하셨습니다. 마태복음에서 산상수훈의 기록 한가운데 주기도문이 자리 잡고 있다는 점은 매우 큰 의미를 담고 있습니다.

① 하나님 나라 백성의 정체성	5:3~16 (팔복, 소금과 빛)
② 하나님 나라 백성의 새로운 삶의 방식	5:17~48 (바리새인보다 나은 의 - 살인, 간음, 맹세, 원수)
③ 하나님 나라 백성의 신앙생활	6:1~18 (영성생활, 자선 6:1~4, 기도 6:5~15, 금식 6:16~18)
④ 하나님 나라 백성의 근원-하나님의 신뢰	6:19~7:11 (물질, 비판, 기도)
⑤ 하나님 나라 백성의 표지	7:12~27 (열매로 알리라 - 좁은 문, 거짓 선지자, 반석 위의 집)

예수님의 제자였던 마태는 예수의 가르침을 실천하는 것이 하나님 나라 백성과 예수님의 제자로서 마땅한 도리라고 생각해 예수님의 산상수훈 가르침의 정중앙에 주기도문을 배치함으로써 예수님의 가르침은 하나님의 도움을 구하는 기도를 통해서만 실천할 수 있는 것 그리고 주기도문은 단순한 기도의 모범일 뿐 아니라 하나님 나라 백성으로 사는 삶의 원리라고 가르칩니다.

예수님의 제자로 순종하는 삶은 의지와 결단만으로는 불가능한 삶입니다. 예수님의 제자로 순종하는 삶은 하나님의 도우심 없이는 불가능한 삶입니다. 예수님의 제자로 순종하는 삶은 기도 없이는 불가능한 삶입니다. 그것이 예수님의 제자로 살아가는 신앙의 길입니다. 우리는 주기도문을 통해 그리스도인으로서 살아갈 힘은 기도를 통한 하나님의 은혜로만 가능한 것임을 고백할 수 있습니다.

누가복음에서 주기도문은 가르치신 이유(11:1), 주기도문 본문(11:2~4), 강청하는 기도의 필요(11:5~8), 기도에 대한 가르침(11:9~13)과 연결하여 기록되어 있습니다.

주기도문은 예수님을 주님으로 고백하고, 하나님을 아버지로 고백하는 자들만 드릴 수 있는 전유물이자 특권입니다. 주기도문은 (사도신경과 마찬가지로) 그리스도인의 정체성 선언문입니다. 우리가 주기도문을 충분히 이해하고 받아들여 진심으로 기도한다는 것은 하나님 나라 백성과 교회가 되었음을 보여 주는 증거인 동시에 예수님의 비전을 추구하는 예수님의 사람이라는 증거입니다.

주기도문의 가치

주기도문은 주님이신 예수님께서 가르쳐 주신 기도라고 하여 이름 지어졌습니다. 그런데 주기도문은 하나님의 뜻을 따라 기도하는 것이 무엇인지를 알려 주는 기도의 모범이라는 점에서 (주님이 가르치신 기도일 뿐만 아니라) 주님이 허락하신 기도, 주님이 선물하신 기도입니다. 그래서 1세기 교회에서 초대교회 성도들의 신앙생활을 지도하기 위해 저작된 『디다케』라는 책에서는 주기도문으로 하루에 세 번 기도하라고 가르쳤다고 합니다. 로마 제국 안에서 기독교 신앙의 자유를 얻게 된 4세기 교회는 세례를 받기 원하는 사람들을 2년 동안 준비시키는 중에 사도신경과 주기도문의 내용도 포함하여 가르쳤다고 합니다.

토마스 아퀴나스는 그의 저작인 『신학대전』에서 주기도문에 대해 "주기도문으로 기도하는 사람은 마땅히 바라야 할 것을 구할 뿐만 아니라 바라야 할 순서대로 구한다. 이렇게 주기도문은 간구의 준칙일 뿐만 아니라 우리가 어떤 취지로 간구해야 하는지를 안내해 주는 길잡이이기도 하다"고 말했다고 합니다.

또 종교개혁자 마르틴 루터 역시 주기도문을 두고 "하나님 아버지께서 자기 아들을 통해 이 기도를 작성하시고 그 아들의 입에서 이 기도가 나오게 하셨기에 우리로서는 이 기도가 하나님을 무한히 기쁘시게 하리라는 데 아무 의심이 없다"라고 했습니다.

예수님께서 말씀하셨습니다.
(마 6:9) 그러므로 너희는 이렇게 기도하라 …

우리는 주기도문을 통해 예수님께서 가르쳐 주신 이 기도문을 늘 생각해야 합니다. "나는 누구인가? 나는 누구에게 구하고 있는가? 나는 무엇을 구하는가?"라는 질문 그리고 이에 대한 우리의 대답은 명료합니다. 우리는 예수님의 사람입니다. 우리는 하나님의 자녀입니다. 우리는 이 땅에서 살아가는 하늘나라 백성입니다.

주기도문을 곰곰이 묵상해 보면 우리가 마땅히 드려야 할 간구인 동시에 하나님의 질문에 대한 우리의 마땅한 대답을 주고받는 "하나님과의 대화"라는 생각이 듭니다.

문) 너에게 있어 나는 누구이냐?
답) 하늘에 계신 우리 아버지이십니다!

문) 네가 원하고 추구하는 것이 무엇이냐?
답) 아버지의 이름이 거룩히 여김을 받으시오며, 아버지의 나라가 임하시오며, 아버지의 뜻이 하늘에서 이루어진 것 같이 땅에서도 이루어지기를 원합니다!

문) 너에게 필요한 것이 무엇이냐?
답) 오늘 우리에게 일용할 양식을 주시옵고, 우리가 우리에게 죄지은 자를 사하여 준 것 같이 우리 죄를 사하여 주시옵고, 우리를 시험에 들게 하지 마시옵고 다만 악에서 구하시옵소서!

문) 너의 기도가 응답될 수 있는 근거가 무엇이냐?
답) 나라와 권세와 영광이 영원히 아버지의 것이기 때문입니다!

주기도문을 주문처럼 외울 것이 아니라 매번 기도할 때마다 우리 스스로 하나님의 질문에 이렇게 대답하는 마음으로 기도하면 좋겠습니다. 주기도문을 통해 우리의 가치관이 세워지고, 삶의 방향성이 정립되고, 어떤 삶을 살아가야 하는지를 배우고, 무엇을 추구하는 인생이 되어야 할지를 배우며, 어떻게 기도해야 하는가를 배울 수 있기를 기대합니다.

Chapter 4

하늘에 계신 우리 아버지

하늘에 계신 우리 아버지여
(마 6:9)

아버지

예수님은 제자들에게 기도를 가르치심에 있어 무엇보다 먼저 하나님을 아버지라고 부르라고 가르치십니다.

(마 6:9) 그러므로 너희는 이렇게 기도하라 하늘에 계신 우리 아버지여 …

한글 성경에서는 "하늘에 계신"이라는 표현이 먼저 등장하지만, 원어 성경에서는 마태복음이나 누가복음 모두 "아버지"πατηρ라는 단어가 먼저 나옵니다. 주기도문 자체의 문장 순서로 보자면 "아버지, 우리의, ~하신 분, 하늘들 안에 계시는"Πατηρ ημων ο εν τοις ουρανοις이라는 구조입니다.

하나님을 아버지라고 부르는 것이 중요한 이유는 이 호칭이 하나님과 우리의 관계를 규정하기 때문입니다. 예수님은 기도를 가르치심에 있어 '어떻게 하면 하나님을 잘 조작하여 원하는 것을 얻어낼 수 있는가?'가 아니라 하나님과의 바른 관계 설정이 우선된다는 것을 가르치십니다. 바른 기도의 시작은 하나님과의 바른 관계 안에서만 가능합니다. 기도의 대상이신 하나님과 바른 관계가 바탕이 되어야 진실한 기도, 응답받는 기도가 가능합니다. 이러한 기도를 가능하게 하는 시작이 바로 하나님을 아빠로 부르는 것입니다.

우리는 기도를 배움에 있어 기도의 기술을 익히려 하지 말고 하나님과 바른 관계, 좋은 관계, 깊은 관계 맺기에 힘써야 합니다. 능숙한 말솜씨가 아니라 관계가 기도의 응답을 가능하게 하는 이유이기 때문입니다. 하나님께서 우리의 기도에 응답하시는 이유는 우리가 (예수 믿음 안에서) 하나님의 자녀가 되었기 때문입니다.

구약성경의 기록 안에서 보자면 사람 편에서 하나님을 아버지라고 부르는 경우는 흔치 않습니다. 하나님을 우리의 아버지로 표현하는 경우는 주로 '존재의 근원'으로써 '창조주이심'을 의미할 때입니다.

(신 32:6) … 그는 네 아버지시요 너를 지으신 이가 아니시냐 그가 너를 만드시고 너를 세우셨도다

그래서 예수님 당시 유대인 중에도 하나님을 아버지라고 부르며 기도하는 경우가 거의 없었는데 예수님께서는 이 땅에 계시는 동안 하나님을 아빠 아버지(아람어로 아바)라고 부르기를 즐겨 하셨습니다. 마태복음에서는 "하늘에 계신 내 아버지", 요한복음에서는 "내 아버지"라는 표현으로 나타납니다.

(마 7:21) 나더러 주여 주여 하는 자마다 다 천국에 들어갈 것이 아니요 다만 **하늘에 계신 내 아버지**의 뜻대로 행하는 자라야 들어가리라 (마 10:32) 누구든지 사람 앞에서 나를 시인하면 나도 **하늘에 계신 내 아버지** 앞에서 그를 시인할 것이요 (마 10:33) 누구든지 사람 앞에서 나를 부인하면 나도 **하늘에 계신 내 아버지** 앞에서 그를 부인하리라 (마 11:27) **내 아버지**께서 모든 것을 내게 주셨으니 **아버지** 외에는 아들을 아는 자가 없고 아들과 또 아들의 소원대로 계시를 받는 자 외에는 **아버지**를 아는 자가 없느니라 (마 12:50) 누구든지 **하늘에 계신 내 아버지**의 뜻대로 하는 자가 내 형제요 자매요 어머니이니라 하시더라 (마 16:17) 예수께서 대답하여 이르시되 바요나 시몬아 네가 복이 있도다 이를 네게 알게 한 이는 혈육이 아니요 **하늘에 계신 내 아버지**시니라	(요 2:16) 비둘기 파는 사람들에게 이르시되 이것을 여기서 가져가라 **내 아버지**의 집으로 장사하는 집을 만들지 말라 하시니 (요 5:17) 예수께서 그들에게 이르시되 **내 아버지**께서 이제까지 일하시니 나도 일한다 하시매 (요 5:43) 나는 **내 아버지**의 이름으로 왔으매 너희가 영접하지 아니하나 만일 다른 사람이 자기 이름으로 오면 영접하리라 (요 6:32) 예수께서 이르시되 내가 진실로 진실로 너희에게 이르노니 모세가 너희에게 하늘로부터 떡을 준 것이 아니라 **내 아버지**께서 너희에게 하늘로부터 참 떡을 주시나니 (요 6:40) **내 아버지**의 뜻은 아들을 보고 믿는 자마다 영생을 얻는 이것이니 마지막 날에 내가 이를 다시 살리리라 하시니라 (요 6:65) 또 이르시되 그러므로 전에 내가 너희에게 말하기를 **내 아버지**께서 오게 하여 주지 아니하시면 누구든지 내게 올 수 없다 하였노라 하시니라 (요 8:19) 이에 그들이 묻되 네 아버지가 어디 있느냐 예수께서 대답하시되 너희는 나를 알지 못하고 **내 아버지**도 알지 못하는도다 나를 알았더라면 **내 아버지**도 알았으리라 (요 8:38) 나는 **내 아버지**에게서 본 것을 말하고 너희는 너희 아비에게서 들은 것을 행하느니라 (요 8:49) 예수께서 대답하시되 나는 귀신 들린 것이 아니라 오직 **내 아버지**를 공경함이거늘 너희가 나를 무시하는도다 (요 8:54) 예수께서 대답하시되 내가 내게 영광을 돌리면 내 영광이 아무 것도 아니거니와 내게 영광을 돌리시는 이는 **내 아버지**시니 곧 너희가 너희 하나님이라 칭하는 그이시라

(마 18:10) 삼가 이 작은 자 중의 하나도 업신여기지 말라 너희에게 말하노니 그들의 천사들이 하늘에서 **하늘에 계신 내 아버지**의 얼굴을 항상 뵈옵느니라	(요 10:18) 이를 내게서 **빼앗**는 자가 있는 것이 아니라 내가 스스로 버리노라 나는 버릴 권세도 있고 다시 얻을 권세도 있으니 이 계명은 **내 아버지**에게서 받았노라 하시니라
(마 18:19) 진실로 다시 너희에게 이르노니 너희 중의 두 사람이 땅에서 합심하여 무엇이든지 구하면 **하늘에 계신 내 아버지**께서 그들을 위하여 이루어 하시리라	(요 10:25) 예수께서 대답하시되 내가 너희에게 말하였으되 믿지 아니하는도다 내가 **내 아버지**의 이름으로 행하는 일들이 나를 증거하는 것이거늘
	(요 10:29) 그들을 주신 **내 아버지**는 만물보다 크시매 아무도 아버지 손에서 빼앗을 수 없느니라
(마 20:23) 이르시되 너희가 과연 내 잔을 마시려니와 내 좌우편에 앉는 것은 내가 주는 것이 아니라 **내 아버지**께서 누구를 위하여 예비하셨든지 그들이 얻을 것이니라	(요 10:37) 만일 내가 **내 아버지**의 일을 행하지 아니하거든 나를 믿지 말려니와
	(요 12:26) 사람이 나를 섬기려면 나를 따르라 나 있는 곳에 나를 섬기는 자도 거기 있으리니 사람이 나를 섬기면 **내 아버지**께서 그를 귀히 여기시리라
	(요 12:50) 나는 그의 명령이 영생인 줄 아노라 그러므로 내가 이르는 것은 **내 아버지**께서 내게 말씀하신 그대로니라 하시니라
(마 26:29) 그러나 너희에게 이르노니 내가 포도나무에서 난 것을 이제부터 **내 아버지**의 나라에서 새것으로 너희와 함께 마시는 날까지 마시지 아니하리라 하시니라	(요 14:2) **내 아버지** 집에 거할 곳이 많도다 그렇지 않으면 너희에게 일렀으리라 내가 너희를 위하여 처소를 예비하러 가노니
	(요 14:7) 너희가 나를 알았더라면 **내 아버지**도 알았으리로다 이제부터는 너희가 그를 알았고 또 보았느니라
	(요 14:21) 나의 계명을 지키는 자라야 나를 사랑하는 자니 나를 사랑하는 자는 **내 아버지**께 사랑을 받을 것이요 나도 그를 사랑하여 그에게 나를 나타내리라
(마 26:39) 조금 나아가사 얼굴을 땅에 대시고 엎드려 기도하여 이르시되 **내 아버지**여 만일 할 만하시거든 이 잔을 내게서 지나가게 하옵소서 그러나 나의 원대로 마시옵고 아버지의 원대로 하옵소서 하시고	(요 14:23) 예수께서 대답하여 이르시되 사람이 나를 사랑하면 내 말을 지키리니 **내 아버지**께서 그를 사랑하실 것이요 우리가 그에게 가서 거처를 그와 함께 하리라
	(요 15:1) 나는 참포도나무요 내 아버지는 농부라
	(요 15:8) 너희가 열매를 많이 맺으면 **내 아버지**께서 영광을 받으실 것이요 너희는 내 제자가 되리라
(마 26:42) 다시 두 번째 나아가 기도하여 이르시되 **내 아버지**여 만일 내가 마시지 않고는 이 잔이 내게서 지나갈 수 없거든 아버지의 원대로 되기를 원하나이다 하시고	(요 15:15) 이제부터는 너희를 종이라 하지 아니하리니 종은 주인이 하는 것을 알지 못함이라 너희를 친구라 하였노니 내가 **내 아버지**께 들은 것을 다 너희에게 알게 하였음이라
	(요 15:23) 나를 미워하는 자는 또 **내 아버지**를 미워하느니라
	(요 15:24) 내가 아무도 못한 일을 그들 중에서 하지 아니하였더라면 그들에게 죄가 없었으려니와 지금은 그들이 나와 **내 아버지**를 보았고 또 미워하였도다
(마 26:53) 너는 내가 **내 아버지**께 구하여 지금 열두 군단 더 되는 천사를 보내시게 할 수 없는 줄로 아느냐	(요 20:17) 예수께서 이르시되 나를 붙들지 말라 내가 아직 아버지께로 올라가지 아니하였노라 너는 내 형제들에게 가서 이르되 **내 아버지** 곧 너희 아버지, 내 하나님 곧 너희 하나님께로 올라간다 하라 하시니

유대인이 하나님을 아버지라고 부르는 것은 그저 그런 보통 일, 호칭의 일이 아니었습니다. 그래서 유대 종교 지도자들은 예수님이 하나님을 아버지라고 부르는 것을 비난할 뿐 아니라 심지어 이것이 예수를 죽여야 할 이유라고

여길 정도였습니다.

> (요 5:18) 유대인들이 이로 말미암아 더욱 예수를 죽이고자 하니 이는 안식일을 범할 뿐만 아니라 하나님을 자기의 친 아버지라 하여 자기를 하나님과 동등으로 삼으심이러라

유대인에게 아버지와 아들^{자녀}의 개념은 아버지와 같은 속성, 계승자, 상속자의 의미로 받아들여졌기 때문입니다. 유대교 배경 안에서 보자면 하나님을 아버지로 부르는 이 일은 사람을 죽이고 살릴 정도의 중대한 문제였습니다. 우리 대부분은 영원하신 하나님을 아버지라고 부르는 이 일이 별다른 감흥이 없을지 모릅니다. 그러나 홍길동이 아버지를 '대감마님'이라고 부르지 않고 '아버지'라고 부르는 장면이라고 상상해 보십시오. 이건 보통 일이 아닙니다.

그런데 우리가 하나님을 "아버지"라고 부를 때 우리는 자기 기억 속에 경험된 아버지에 대한 이미지를 하나님 아버지라는 표현에 무의식적으로 투사하는 경향이 있습니다. 오죽하면 예수님께서 하나님에 대해 사용하셨던 아버지 호칭을 가부장적^{家父長的} 시대의 전근대적^{前近代的} 유산이라는 이유로 "어머니 하나님"으로 고쳐 부르는 이단들이 생겨났을까요?

하나님을 왕이라고 고백하는 것이 악덕 절대 군주를 의미하는 것이 아닌 것처럼 하나님을 아버지라고 부르는 것이 비인격적이고 권위주의적인 가부장을 의미하지는 않습니다. 하나님을 아버지라고 부를 때 내가 경험한 왜곡되거나 뒤틀려진 부족한 인간으로서의 아버지 상을 떠올릴 것이 아니라, 예수님께서 말씀하셨던 완전하고 전능하며 이상적인 아버지의 모습으로 이 단어를 받아야 할 것입니다. 예수님께서 말씀하시는 아버지는 무책임하거나 이기적이거나 폭력적인 아버지가 아니라, 우리의 필요를 알고 채우시는 사랑의 아버지, 자식에게 좋은 것을 주려고 애쓰는 아버지이십니다.

(눅 11:11~13) 11 너희 중에 아버지 된 자로서 누가 아들이 생선을 달라 하는데 생선 대신에 뱀을 주며 12 알을 달라 하는데 전갈을 주겠느냐 13 너희가 악할지라도 좋은 것을 자식에게 줄 줄 알거든 하물며 너희 하늘 아버지께서 구하는 자에게 성령을 주시지 않겠느냐 하시니라

이것은 주기도문의 서론 격이었던 마태복음 6장 8절의 말씀과 연결됩니다.
(마 6:8) … 구하기 전에 너희에게 있어야 할 것을 하나님 너희 아버지께서 아시느니라

예수님은 우리에게 하나님을 아버지로 부르라고 가르치십니다. 예수님 안에 있으면 우리와 하나님의 관계가 "자녀와 아버지"로 정립되기 때문입니다. 하나님은 우리의 필요를 알고 계실 뿐 아니라 우리를 돌보시고 채우시는 사랑 많으신 아버지이시기 때문입니다. 그래서 우리는 하나님에 대한 (거리감이 아니라) 신뢰와 친밀함을 가져야 합니다.

우리의

그런데 예수님은 하나님을 그냥 '아버지' 혹은 '나의 아버지'가 아니라 '우리 아버지'로 부르라고 하십니다.

하나님을 아버지라고 부르는 것이 '우리'와 '하나님'과의 관계를 설정하는 고백이라면 하나님을 '우리 아버지'라고 부르는 것은 '우리'와 '하나님을 아버지로 부르는 성도들'과의 관계를 설정하는 고백입니다. 우리가 하나님을 "우리 아버지"라고 부름으로써 우리는 우리 자신을 하나님 자녀[백성]의 일원으로 인

식하는 것입니다. 우리가 하나님을 "나의 아버지"라고만 부르지 않고 "우리 아버지"라고 부르는 것은 하나님을 아버지라고 부르는 모든 사람을 형제자매로 받아들이겠다는 의미가 포함되어 있습니다. 우리는 하나님을 아버지로 고백함으로써 하나님의 자녀라는 울타리 안에 들어서게 됩니다. 그리고 그 울타리 안에 있는 또 다른 하나님의 자녀들과 형제가 되는데 이 울타리가 바로 교회입니다.

사도신경을 고백한다는 것은 기대하고 생각하는 절대자를 내 멋대로 믿는 것이 아니라, 성경의 가르침과 교회 전통에서 성도들의 고백을 내가 받아들이고 그 고백에 참여한다는 의미입니다. 주기도문을 나의 기도로 받아들인다는 것은 내가 원하는 내 삶을 도와 달라고 절대자에게 구하는 것만이 아니라, 예수님께서 원하시는 삶의 방향성과 가치를 내 것으로 받아들이고 교회 공동체의 기도 제목을 자신의 기도 제목으로 삼으며 교회 공동체에 속하여 그 비전에 참여하고 그 사명을 받아들이겠다는 의미입니다.

교회는 예수님을 주님으로 믿음으로써 하나님을 아버지로 모시고 아빠라고 부르는 사람들의 모임입니다. 우리는 하나님을 아빠라고 부름으로써 내가 그리스도에게 속한 교회, 하나님의 자녀인 것을 확인받습니다. 주기도문을 통해 우리는 누가 우리의 형제이며 가족인가를 확인할 수 있습니다.

하늘에 계시는

그런데 우리가 믿는 이 하나님 아버지는 하늘에 계신 분이십니다.

하나님이 하늘에 계신다고 말할 때 그 하늘은 거주 공간을 의미하지 않습니다. 물리적으로 하나님이 하늘에 계신다면 하늘은 하나님보다 커야 하는데 하나님은 하늘을 지으신 창조주이십니다. 그래서 솔로몬은 물리적 공간으로써의 하늘이라도 하나님을 용납할 만한 공간은 아니라고 고백합니다.

(왕상 8:27) 하나님이 참으로 땅에 거하시리이까 하늘과 하늘들의 하늘이라도 주를 용납하지 못하겠거든 하물며 내가 건축한 이 성전이오리이까

하나님을 담아내지 못하는 물리적 하늘과 하나님이 계신 곳을 상징하는 하늘은 전혀 다른 두 개념입니다. 그래서 어디에 어떻게 존재하시는지 정확히 알 수는 없지만 '하나님이 계신다고 여겨지는 곳'을 하늘이라고 통칭하여 부를 뿐입니다.

(왕상 8:30) 주의 종과 주의 백성 이스라엘이 이 곳을 향하여 기도할 때에 주는 그 간구함을 들으시되 주께서 계신 곳 하늘에서 들으시고 들으시사 사하여 주옵소서

유대인들은 십계명에 근거하여 하나님의 이름을 입에 올리기를 꺼려했습니다. 이방인을 대상으로 쓰인 누가복음에서 "하나님의 나라"the kingdom of God라는 표현이 유대인을 대상으로 쓰인 마태복음에서는 "하늘나라"the kingdom of heaven라고 표현된 것도 비슷한 이유입니다. 하늘이라는 단어는 인간의 영역을 넘어서는 신적인 영역, 인간의 지식으로 이해할 수 없는 미지의 영역, 신적인 광대함을 일컫는 표현으로 보아야 합니다.

하늘에 계신 아버지는 하나님의 초월성과 주권적 능력을 고백하는 말이며, 땅의 부모와는 구별된다는 고백입니다. 하나님을 '아빠'라고 부르는 것이 하나님의 내재성과 친근감을 강조한다면 '하늘에 계신'이라는 표현은 하나님의 거룩성과 초월성을 보여 줍니다.

하늘에 계신 우리 아버지여

예수님은 우리에게 하나님을 아빠라고 부르라고 하심으로써 몇 가지 사실을 드러내 보이십니다. 첫째는 하나님을 아빠라고 부르심으로써 예수님 자신이 바로 하나님의 아들이심을 분명히 보여 주셨습니다. 둘째는 하나님을 아빠라고 부르심으로써 예수님 자신이 거룩하신 하나님과 얼마나 친근한 관계를 맺고 있는지를 보여 주셨습니다. 셋째는 하나님을 아빠라고 부르라고 가르치심으로써 이 땅에 오신 예수님의 사역 목적이 무엇인지를 보여 주셨습니다.

성경은 우리를 두고 '본질상 진노의 자녀'라고 부릅니다.
(엡 2:3) 전에는 우리도 다 그 가운데서 우리 육체의 욕심을 따라 지내며 육체와 마음의 원하는 것을 하여 다른 이들과 같이 본질상 진노의 자녀이었더니

예수님은 우리를 두고 '마귀의 자녀'라고까지 칭하기도 하셨습니다.
(요 8:44) 너희는 너희 아비 마귀에게서 났으니 너희 아비의 욕심대로 너희도 행하고자 하느니라 그는 처음부터 살인한 자요 진리가 그 속에 없으므로 진리에 서지 못하고 거짓을 말할 때마다 제 것으로 말하나니 이는 그가 거짓말쟁이요 거짓의 아비가 되었음이라

하나님은 본질상 진노의 자녀이고 마귀의 자녀인 우리를 당신의 자녀로 삼으시려고 그 아들을 보내셨습니다.
(갈 4:4~5) 4 때가 차매 하나님이 그 아들을 보내사 여자에게서 나게 하시고 율법 아래에 나게 하신 것은 5 율법 아래에 있는 자들을 속량하시고 우리로 아들의 명분을 얻게 하려 하심이라

이제 하나님이 보낸 구원의 길이신 예수님을 구세주로 믿는 사람들은 하나님의 자녀가 됩니다.

(요 1:12) 영접하는 자 곧 그 이름을 믿는 자들에게는 하나님의 자녀가 되는 권세를 주셨으니

예수님 안에서 우리는 하나님의 자녀로 입양되었습니다.

(갈 4:6) 너희가 아들이므로 하나님이 그 아들의 영을 우리 마음 가운데 보내사 아빠 아버지라 부르게 하셨느니라

그래서 예수님은 당신을 따르는 우리에게 하나님을 아버지라고 부르라고 말씀하시길 꺼리거나 주저하지 않으십니다.

(마 6:9) 그러므로 너희는 이렇게 기도하라 하늘에 계신 우리 아버지여 …

주기도문의 가르침 이후부터 초대교회는 하나님을 아버지라고 부르는 일이 당연한 일로 받아들여졌습니다. 성령으로 인해 예수님을 주님이라고 부르는 우리는 성령으로 인해 하나님을 아버지라고 부릅니다.

(갈 4:6) 너희가 아들이므로 하나님이 그 아들의 영을 우리 마음 가운데 보내사 아빠 아버지라 부르게 하셨느니라

왜냐하면 성령의 주된 사역이 우리가 하나님의 자녀인 것을 증언하는 것이기 때문입니다.

(롬 8:16) 성령이 친히 우리의 영과 더불어 우리가 하나님의 자녀인 것을 증언하시나니

이 땅을 사는 모든 아버지는 스스로가 아버지 역할이 처음이라 무엇을 어떻

게 해야 하는지도 모릅니다. 더 정확하게는 자기 문제도 해결하지 못하는 연약한 존재입니다. 자녀에게 무엇인가를 해 주고 싶어도 해 줄 능력이 늘 부족합니다. 심지어 자신의 악함 때문에 혹은 미숙함 때문에, 무능력 때문에 자녀에게 상처를 줄 수 있습니다. 아무리 선한 의도를 가지고 행동한다고 하더라도 말입니다.

그러나 하나님은 우리에게 무엇이 필요한지 아십니다. 우리를 지으신 분이기 때문입니다. 하나님은 우리의 기도를 듣고 우리를 돌보기 좋아하시는 우리의 아빠이십니다. 하나님은 우리의 모든 필요를 알고 채워주기를 좋아하는 하늘에 계신 분이십니다. 제한된 우리의 자원과 능력, 해결하지 못할 인생의 문제와 죄 문제로 괴로워하지 말고 친근한 아빠일 뿐만 아니라 전능하고 능력 많고 모든 문제의 해결자이신 "하늘에 계신" 아빠에게 나아가야 합니다.

> (롬 8:32) 자기 아들을 아끼지 아니하시고 우리 모든 사람을 위하여 내주신 이가 어찌 그 아들과 함께 모든 것을 우리에게 주시지 아니하겠느냐

하늘에 계신 하나님을 '아빠'로 삼고 하나님과 자녀의 관계 안에서 살아가야 합니다. 하늘에 계신 하나님을 '아빠'라고 부를 때마다 우리가 하늘나라의 상속자임을 되새기고 하늘에 계신 하나님을 '우리의 아버지'라고 부름으로써 그리스도 안에 있는 성도들을 형제자매로 받아들여야 합니다. 우리는 이러한 교회 공동체에 속한 사람들입니다.

Chapter 5

나라가 임하시오며

이름이 거룩히 여김을 받으시오며
나라가 임하시오며
뜻이 하늘에서 이루어진 것 같이 땅에서도 이루어지이다
(마 6:9~10)

주기도문의 구조는 (기도를 시작하면서) 먼저 하나님의 이름을 부르는 문장과 마지막 송영 문장을 제하면 두 가지 주제의 기도문으로 구성되어 있습니다. 첫째는 기도를 들으시는 하나님을 높여 부르는 "당신"에 관한 주제로써 하나님의 이름이 높임 받고, 하나님의 뜻이 이루어지고, 하나님의 나라가 임하기를 기도하는 문장입니다. 둘째는 기도를 드리는 "우리" 자신에 관한 주제로써 일용할 양식, 용서와 죄 사함, 시험에 들지 않도록 악에서 구해 주실 것을 기도하는 문장입니다.

이 내용을 도표로 요약하면 이러합니다.

부름	하늘에 계신 우리 아버지여
'당신' 청원	('당신'의) 이름이 거룩히 여김을 받으시오며 ('당신'의) 나라가 임하시오며 ('당신'의) 뜻이 하늘에서 이루어진 것같이 땅에서도 이루어지이다
'우리' 청원	'우리'에게 일용할 양식을 주시옵고 (그리고) '우리'가 우리에게 죄지은 자를 사하여 준 것 같이 　　'우리' 죄를 사하여 주시옵고 (그리고) '우리'를 시험에 들게 하지 마시옵고 다만 악에서 구하시옵소서
송영	나라와 권세와 영광이 아버지께 영원히 있사옵나이다. 아멘.

주기도문의 구조는 십계명의 구조와 유사합니다. 주기도문은 하나님 "당신"과 "우리" 자신에 관한 청원으로 이루어져 있고, 십계명도 "하나님"에 대한 4개의 명령과 "인간"에 대한 6개의 명령으로 구성되어 있기 때문입니다. 예수님께서도 모든 계명을 "하나님 사랑"과 "이웃 사랑"이라는 대계명으로 요약하셨습니다. 바울 역시 그의 편지글들 전반부에서는 하나님께서 이루신 일들에 대한 신학적 진술을, 후반부에서는 그에 따른 인간 사회에서의 삶의 지침들을 제공한다는 점에서 "하나님"과 "우리"의 주제는 성경의 모든 가르침대로 두 가지

큰 방향이라는 것을 알 수 있습니다.

그런데 성경을 연구하는 학자들은 (마태복음이나 누가복음 모두 다) '우리'에 관한 세 개의 청원 문장은 '그리고'[KJ1]라는 접속사로 연결되어 있지만 '당신'에 관한 세 개의 청원 사이에는 접속사가 없다는 점에 주목하여 헬라어 어법상 이것은 하나의 문장으로 보아야 한다고 설명합니다. 세 개의 문장으로 구성되어 있지만 사실은 서로 연결된 하나의 기도라는 것입니다. 그래서 저는 주기도문의 앞부분 이 세 문장을 나름대로 이렇게 하나의 문장으로 표현하기를 즐겨합니다. 아버지의 이름이 높임 받고, 아버지의 뜻이 이루어지는, 아버지의 나라가 임하기를 원합니다.

이름이 거룩히 여김을 받으시오며

우리는 천지만물天地萬物이 저절로 존재하는 것이 아니라 하나님의 창조 결과라는 성경의 기록을 믿습니다. 인류는 신묘막측神妙莫測한 자연 만물과 자연 현상을 보면서 막연하게나마 신적 존재를 추론하며 다양한 종교의 형태로 초월자超越者에 대한 경배를 표현하기도 했지만 참 하나님에 대한 정확한 이해를 할 수는 없었습니다.

바울은 철학이 융성했던 아테네에서 전도할 때 우리 인류가 (천지를 창조하신 하나님을 섬기겠다 하면서도) 정작 "금이나 은이나 돌에다 사람의 기술과 고안으로 새긴 것들"을 "손으로 지은 전에" 모셔 두고 "무엇이 부족한 것처럼 사람의 손으로" 섬기는 것이 절대자(하나님)에 대한 바른 신앙과 태도인 줄 알고 있다고 말했습니다.

(행 17:24~25, 29) 24 우주와 그 가운데 있는 만물을 지으신 하나님께서는 천지의

주재시니 손으로 지은 전에 계시지 아니하시고 25 또 무엇이 부족한 것처럼 사람의 손으로 섬김을 받으시는 것이 아니니 이는 만민에게 생명과 호흡과 만물을 친히 주시는 이심이라 … 29 이와 같이 하나님의 소생이 되었은즉 하나님을 금이나 은이나 돌에다 사람의 기술과 고안으로 새긴 것들과 같이 여길 것이 아니니라

그런 우리 인류에게 하나님께서는 모세를 통해 자신의 이름과 존재 양식을 정확하게 알려 주셨습니다.

(출 3:14) 하나님이 모세에게 이르시되 나는 스스로 있는 자이니라 …

하나님께서는 모세 이전 시대에도 아브라함을 비롯한 특정한 사람들에게 하나님 당신의 존재를 나타내기는 하셨지만, 스스로 이름을 계시하신 것은 모세가 처음이었습니다.

(출 6:3) 내가 아브라함과 이삭과 야곱에게 전능의 하나님으로 나타났으나 나의 이름을 여호와로는 그들에게 알리지 아니하였고

과학은 사람들의 연구 결과이기에 연구한 사람들의 전제, 입장, 사용 데이터에 따라 견해의 차이가 존재합니다. 그러나 하나님의 자기 계시는 사람들이 연구하거나 발견한 결과가 아니기에 의견의 차이가 있을 수 없고 어떤 인간도 이 계시를 바꾸거나 변경할 수 없는 하나님의 자기 선언입니다.

모세 이후로 하나님께서는 이 이름을 가진 하나님 당신이 어떤 분이신지를 인류 역사 안에서 선지자들을 통하여 지속적으로 계시하셨습니다.

(사 49:26) … 모든 육체가 나 여호와는 네 구원자요 네 구속자요 야곱의 전능자인 줄 알리라

그리고 하나님께서는 자신이 누구이며 어떠한 존재인지를 분명히 나타내 보여 주신 이스라엘 백성에게는 하나님의 이름과 존재를 귀히 여기며 그에 합당한 경배와 순종의 삶을 십계명을 통해 말씀하셨습니다.

(출 20:7) 너는 네 하나님 여호와의 이름을 망령되게 부르지 말라 여호와는 그의 이름을 망령되게 부르는 자를 죄 없다 하지 아니하리라

십계명에서 "여호와의 이름을 망령되게 부르지 말라"*misuse his name*라는 명령이 하나님의 이름 자체를 부르지 말라는 의미는 아니었습니다. 그런데도 유대인들은 십계명을 더 잘 지키겠다는 의도로 성경에서 하나님의 이름을 뜻하는 문자 기록 YHWH, 여호와, 自存者이 나오면 '주님'아도나이이라는 말로 바꾸어 부르기까지 했다고 합니다.

예수님께서도 십계명의 말씀을 이어받아 주기도문에서 "이름이 거룩히 여김을 받으시오며"라고 기도하라고 가르치십니다. 그런데 우리가 하나님을 대상으로 기도하면서 "하나님 당신의 이름이 거룩히 여김 받기를 원합니다"라고 기도한다는 것이 좀 이상하지 않습니까? 사람이 누군가의 이름을 부른다는 것은 그 존재를 '인정'하고 그 존재와 '관계'를 맺는다는 의미입니다. '하나님의 이름을 거룩히 여긴다'는 것은 하나님을 어떤 피조 세계의 존재와도 구별된 초월적 존재의 가치 그대로 인정하는 것을 말하며 하나님의 존재가치에 합당한 태도로 하나님을 대하는 것, 곧 하나님을 경배하고 섬기는 것을 의미합니다.

따라서 "이름이 거룩히 여김을 받으시오며"라는 기도에는 "하나님은 피조 세계에 존재하는 어떤 존재와도 구별되는 초월적 존재임을 믿습니다"라는 신앙의 고백과 "당신의 이름은 거룩합니다"라는 찬양의 의미를 포함하고 있는

것입니다. 동시에 하나님의 이름이 거룩히 여김 받기를 원한다는 기도는 '그렇게 되기를 원합니다', '당연히 그러해야 합니다', '그것이 우리가 최우선으로 하는 소원입니다' 등의 의미가 담겨 있는 신앙고백이자 "하나님, 내 삶에서 하나님이 항상 우선순위이기를 원합니다"라는 삶의 방향성의 선언입니다.

하나님께서는 하나님 당신의 존재와 이름이 거룩히 여김 받기를 기뻐하십니다.

(겔 36:21) 그러나 이스라엘 족속이 들어간 그 여러 나라에서 더럽힌 내 거룩한 이름을 내가 아꼈노라

(겔 36:23) 여러 나라 가운데에서 더럽혀진 이름 곧 너희가 그들 가운데에서 더럽힌 나의 큰 이름을 내가 거룩하게 할지라 …

예수님께서도 하나님의 이름이 거룩히 여김 받게 하기 위하여 자기 목숨을 포기하십니다.

(마 26:39) 조금 나아가사 얼굴을 땅에 대시고 엎드려 기도하여 이르시되 내 아버지여 만일 할 만하시거든 이 잔을 내게서 지나가게 하옵소서 그러나 나의 원대로 마시옵고 아버지의 원대로 하옵소서 하시고

어느 날 한 여인이 예수님께 향유를 가져와 부었습니다.

(막 14:3) 예수께서 베다니 나병환자 시몬의 집에서 식사하실 때에 한 여자가 매우 값진 향유 곧 순전한 나드 한 옥합을 가지고 와서 그 옥합을 깨뜨려 예수의 머리에 부으니

이 향유는 그 당시 성인 한 명의 연봉에 해당하는 엄청나게 비싼 가치였습니다. 이 여인으로서는 예수님께 이만한 값의 향유를 다 부어드려도 전혀 아

깝지 않았기 때문입니다. 그러나 일부 제자들은 이 여인의 행위가 굳이 그렇게까지 할 필요는 없는 일로 보였습니다.

(막 14:4~5) 4 어떤 사람들이 화를 내어 서로 말하되 어찌하여 이 향유를 허비하는가 5 이 향유를 삼백 데나리온 이상에 팔아 가난한 자들에게 줄 수 있었겠도다 하며 그 여자를 책망하는지라

여인에게는 예수님이 일 년 치 급여 가치의 향유보다 더 값비싼 분으로 여겨졌고, 제자들에게는 예수님을 그렇게까지 거룩하게 구별할 존재는 아니라고 여겨졌습니다. 여인에게는 예수님이 돈보다 더 거룩히 여겨졌고, 제자들에게는 예수님보다 돈이 더 거룩하게 여겨진 것입니다. 이 상황에서 누가 예수님의 이름을 거룩히 여긴 것입니까?

뜻이 하늘에서 이루어진 것같이 땅에서도 이루어지이다

초월자, 절대자, 창조자 하나님의 존재와 이름은 그 자체로 거룩함에도 불구하고 우리에게 그 이름이 거룩해 지기를 기도하라고 가르치시는 것은 하나님의 존재와 이름이 거룩하게 여겨지지 않고 있는 현실을 전제로 합니다. 하나님의 존재와 이름이 거룩하게 여겨지지 않는 그곳이 어디입니까? 그곳은 바로 하나님 없는 세상을 꿈꾸며 하나님에 대한 인격적 반역을 꾀하는 죄로 인하여 죽음이라는 병에 걸려버린 '피조된 인간의 세상, 이 땅'입니다. 이 세상은 하나님께서 만드신 세상임에도 하나님을 주인이라고 인정하지 않고 있습니다.

(요 1:10~11) 10 그가 세상에 계셨으며 세상은 그로 말미암아 지은 바 되었으되 세상이 그를 알지 못하였고 11 자기 땅에 오매 자기 백성이 영접하지 아니하였으나

하나님이 주권자로 인정하지 않는 이 땅에서 우리는 하나님의 뜻이 실현되는 하나님의 나라를 기도합니다. 이 나라는 특정한 시대와 지역에 위치하는 나라가 아니라 하나님과의 관계로 정의되는 나라입니다. 하나님이 주인이신 하나님의 나라에서는 하나님의 뜻이 최고의 가치와 절대 기준으로 여겨집니다. 모든 존재가 모든 상황 속에서 하나님의 뜻을 가장 중요한 판단 기준으로 삼습니다. 구성원 모두가 주권자 하나님의 뜻이 실현되기를 열망하고, 그 일을 위해 수고하며 순종합니다.

에덴동산은 원래 완전한 하나님의 나라였지만 배신과 반역이 일어났습니다. 그러나 예수님께서는 악한 세력이 득세한 골고다 언덕 위에서조차도 하나님의 뜻과 통치에 따른 순종으로 하나님 나라의 온전한 모습을 보여 주셨습니다. 에덴동산의 아담처럼 하나님 없는 자기 의지 관철, 하나님 없는 자기 존재의 실현을 도모하는 모든 영역에서, 골고다 언덕에서의 예수님처럼 하나님의 존재와 능력이 인정받고, 하나님의 이름이 높임 받고, 하나님의 뜻을 이루며 살아가려는 하나님의 나라가 이루어져야 합니다.

하나님께서 창조하셨음에도 불구하고 그 존재와 이름을 거룩하게 여기지 않는 이 땅의 모든 인류가 하나님의 존재와 이름을 거룩히 여기고 하나님의 주권을 인정하고 우리의 가정/사업/물질/인생의 모든 영역에서 하나님이 주인이라고 고백하며 우리가 사는 바로 여기에서 우리를 통해 하나님의 뜻이 실현되기를 소원하며 기도하고 순종하고 수고하며 살아가는 사람들이 바로 하나님 나라의 백성, 예수 공동체인 교회입니다.

나라가 임하시오며

이 세상의 누군가가 절대 권력자가 되고 그가 통치하는 절대 국가 혹은 권력 집단이 생겨난다고 하더라도 그 역시도 궁극적으로는 하나님의 통치 아래에 있다고 우리는 믿습니다. 이것이 하나님의 절대 주권 신앙입니다. 그러나 하나님에 대해 부정하고 반발하는 세상에서 우리는 하나님의 절대 주권을 인정하는 사람들이 많아지고 그것이 당연하게 받아들여지는 세상을 꿈꾸며 기도합니다.

고대 바벨론이 거대 제국을 이루고 이스라엘을 점령하여 하나님의 성전 그릇까지 다 탈취하여 올 수는 있었지만, 그것은 하나님의 나라를 점령한 것이 아니었습니다.

(단 5:23) 도리어 자신을 하늘의 주재보다 높이며 그의 성전 그릇을 왕 앞으로 가져다가 왕과 귀족들과 왕후들과 후궁들이 다 그것으로 술을 마시고 왕이 또 보지도 듣지도 알지도 못하는 금, 은, 구리, 쇠와 나무, 돌로 만든 신상들을 찬양하고 도리어 왕의 호흡을 주장하시고 왕의 모든 길을 작정하시는 하나님께는 영광을 돌리지 아니한지라

오히려 하나님은 그 제국을 저울질하고 계셨고 권력을 누구에게 넘겨줄지를 결정하고 계셨습니다.

(단 5:25~28) 25 기록된 글자는 이것이니 곧 메네 메네 데겔 우바르신이라 26 그 글을 해석하건대 메네는 하나님이 이미 왕의 나라의 시대를 세어서 그것을 끝나게 하셨다 함이요 27 데겔은 왕을 저울에 달아 보니 부족함이 보였다 함이요 28 베레스는 왕의 나라가 나뉘어서 메대와 바사 사람에게 준 바 되었다 함이니이다 하니

통치하시는 하나님의 말씀대로 그날 밤 바벨론 제국의 절대 권력자 벨사살 왕은 죽고, 메데 제국의 다리오가 그 자리를 차지합니다. 이것이 눈에 보이는 세상 나라 권력자들의 모습이고, 눈에 보이지 않는 절대 통치자 하나님의 주권입니다. 누가 어떤 권력을 가지고 살든 인생을 저울질하고 삶을 평가하는 분이 따로 계십니다. 이스라엘은 망하고 성전은 탈취당하여도 하나님께서 통치하고 계셨습니다.

(단 5:21) … 지극히 높으신 하나님이 사람 나라를 다스리시며 자기의 뜻대로 누구든지 그 자리에 세우시는 줄 …

하나님 나라의 본질은 제도나 조직에 있는 것이 아니라 주권과 통치와 다스림입니다. 예수님은 하나님의 나라가 이 땅에 속한 것이 아니라고 말씀하셨습니다.

(요 18:36) 예수께서 대답하시되 내 나라는 이 세상에 속한 것이 아니니라 …

하나님 나라는 사람 눈에 보이는 방식으로 이루어지는 것도 아닙니다.

(눅 17:20) 바리새인들이 하나님의 나라가 어느 때에 임하나이까 묻거늘 예수께서 대답하여 이르시되 하나님의 나라는 볼 수 있게 임하는 것이 아니요

하나님 나라는 지상의 어떤 처소에 이루어지는 것이 아니라 한 인격의 내면에 형성되는 것입니다.

(눅 17:21) 또 여기 있다 저기 있다고도 못하리니 하나님의 나라는 너희 안에 있느니라

이것을 위해 기도하라는 것이 주기도문의 가르침입니다. 세 문장이 하나의 간구를 이룬 첫 번째 기도문은 우리의 간구인 동시에 미래 이루어질 일에 대

한 믿음의 선언이자 하나님 자녀들의 비전이기도 합니다. 하나님의 이름이 거룩히 여김받고 하나님의 뜻이 이루어지는 하나님의 나라가 임하여야 합니다. 그리고 이 비전을 위해 오늘 우리 삶이 어떠해야 하는가에 대한 결단입니다.

내 삶을 통해 하나님의 이름을 거룩히 여김 받는 삶을 살겠습니다.
(마 5:16) 이같이 너희 빛이 사람 앞에 비치게 하여 그들로 너희 착한 행실을 보고 하늘에 계신 너희 아버지께 영광을 돌리게 하라

하나님의 뜻이 내 삶을 통해 이루어지는 삶을 살겠습니다.
(롬 12:1) 그러므로 형제들아 내가 하나님의 모든 자비하심으로 너희를 권하노니 너희 몸을 하나님이 기뻐하시는 거룩한 산 제물로 드리라 이는 너희가 드릴 영적 예배니라

내 모든 삶의 영역이 하나님의 나라가 되게 하겠습니다.
(시 66:7) 그가 그의 능력으로 영원히 다스리시며 그의 눈으로 나라들을 살피시나니 거역하는 자들은 교만하지 말지어다 (셀라)

'주기도문의 요약'이라는 별명을 가지고 있는 마태복음 6장 33절에서 예수님은 이렇게 말씀하셨습니다.
(마 6:33) … 너희는 먼저 그의 나라와 그의 의를 구하라 그리하면 이 모든 것을 너희에게 더하시리라

이 한 문장 안에는 "너희는 먼저 그의 나라와 그의 의를 구하라"는 내용이 하나님 "당신" 청원이라면, "그리하면 이 모든 것을 너희에게 더하시리라"는 내용은 주기도문의 "우리" 청원이라고 말할 수 있습니다.

이 약속의 말씀을 묵상해 볼 때 우리에게 큰 위로가 되는 이유는 "그의 나라와 그의 의가 이루어질 때"가 아니라 "그의 나라와 의를 구할 때", "우리에게 필요한 모든 것을 더하여 주시겠다"라고 약속하셨다는 점입니다. 완벽한 결과와 성과가 있어야만 상을 주시는 것이 아니라 그 방향성을 따라 노력하며 살기만 해도 '이 모든 것을 우리에게 더하여 주시는' 상을 주시겠다니 이 얼마나 감사한 일입니까? 우리의 좋으신 하늘 아버지께서는 우리가 하나님의 뜻을 다 이루지 못해도, 그것을 추구하면서 살아가기만 하여도 하늘과 땅의 풍성한 은혜를 베푸시겠다고 약속하셨습니다.

할렐루야! 하나님은 삶의 능력을 요구하시지 않고 삶의 방향성을 요구하십니다. 하나님은 순종의 결과를 요구하시지 않고 순종의 태도를 요구하십니다.

하나님의 이름이 높임 받는 하나님의 나라를 이루어가며, 우리를 통해 하나님의 뜻이 이루어지도록 순종하며 살아가는 하나님 나라의 백성이 되어야 합니다. 주기도문의 이 간구야말로 교회의 방향성이요, 삶의 가치입니다.

Chapter 6

일용할 양식을 주시옵고

오늘 우리에게 일용할 양식을 주시옵고
(마 6:11)

우리는 앞 장에서 주기도문에서의 첫 간구인 하나님 "당신"에 대한 청원, 즉 하나님의 이름이 높임 받고, 하나님의 뜻이 이루어지고, 하나님의 나라가 임하기를 바라고 기도하며 그 방향성을 따라 살아가는 사람들의 모임이 교회 공동체라는 것을 확인했습니다.

이번 장에서는 주기도문에서 "우리"에 관한 첫 번째 간구, "일용할 양식을 구하는" 기도에 대해 살펴보도록 하겠습니다.

"일용^{日用}할 양식"이란 문자적으로는 '하루의 필요를 위한 양식'이라는 뜻인데 만약 아침에 이 기도를 한다면 '오늘을 위한 양식'이라는 의미가 될 것이고, 저녁에 이 기도를 한다면 '내일을 위한 양식'이라는 의미가 될 것입니다. 어떤 분들은 기껏 먹고 사는 양식을 위해 하나님께 기도하는 것은 신앙심이 깊지 않은 사람들의 세속적인 기도라고 여기기도 하고 또 다른 분은 하나님께 달라고만 기도하는 것이 잘못된 신앙이 아닌지 염려하기도 합니다. 그러나 예수님은 우리에게 필요한 것을 아버지 되신 하나님께 간구하는 것은 당연하다고 말씀하십니다.

> (마 7:11) 너희가 악한 자라도 좋은 것으로 자식에게 줄 줄 알거든 하물며 하늘에 계신 너희 아버지께서 구하는 자에게 좋은 것으로 주시지 않겠느냐

일용할 양식으로 대변^{代辯}되는 삶의 필요들에 관하여 하나님께 의존하고 기도하는 것은 일용할 양식마저도 하나님과의 관계 안에서 해결된다고 믿는 믿음의 삶의 양식^{Way of Life}을 보여 준다는 점에서 일용할 양식에 대한 기도야말로 하나님을 의지하는 진정한 믿음의 고백이라 말할 수 있습니다. 이런 이해 위에서 일용할 양식에 대한 의미를 성경의 배경 안에서 살펴보도록 하겠습니다.

만나

주기도문의 "일용할 양식"이라는 표현은 출애굽의 만나 사건에서 비롯된 것으로 보아야 합니다. 하나님께서는 출애굽 이후 광야를 통해 이동해야 할 이스라엘 백성이 곡물을 재배할 수 없다는 점을 고려해서 하늘에서 내리는 만나로 그들을 위한 매일의 양식을 공급하셨습니다.

(출 16:4) … 보라 내가 너희를 위하여 하늘에서 양식을 비 같이 내리리니 백성이 나가서 일용할 것을 날마다 거둘 것이라 … (food … for that day …)

"만나"는 "이것이 무엇이냐?"라는 의미입니다.

(출 16:15) 이스라엘 자손이 보고 그것이 무엇인지 알지 못하여 서로 이르되 이것이 무엇이냐 하니 …

(출 16:31) 이스라엘 족속이 그 이름을 만나라 하였으며 …

하늘에서 내리는 만나는 이 땅의 어떤 사람도 본 적이 없었던 특별한 물질로 몇 가지 특징을 가지고 있었습니다. 첫째는 이스라엘 백성이 각자의 가족 수에 따라 땅에 널린 만나를 거두어들여 그 양을 달아보면 많이 거둔 사람이나 적게 거둔 사람이나 '각 사람이 먹을 만큼만'의 양이 되었다는 점입니다.

(출 16:17~18) 17 이스라엘 자손이 그같이 하였더니 그 거둔 것이 많기도 하고 적기도 하나 18 오멜로 되어 본즉 많이 거둔 자도 남음이 없고 적게 거둔 자도 부족함이 없이 각 사람은 먹을 만큼만 거두었더라

둘째는 이스라엘 백성이 혹시나 하는 마음에 다음날 먹기 위해 거두어들인 만나를 저장해 두면 하루가 지난 만나는 먹을 수 없도록 부패하였다는 점입니다.

(출 16:19~20) 19 모세가 그들에게 이르기를 아무든지 아침까지 그것을 남겨두지 말라 하였으나 20 그들이 모세에게 순종하지 아니하고 더러는 아침까지 두었더니 벌레가 생기고 냄새가 난지라 모세가 그들에게 노하니라

셋째는 안식일에는 만나를 내리지 않을 터이니 안식일 전날에는 이틀 분량을 거두어 저장하라는 하나님의 말씀을 따랐을 때는 (다른 때는 부패했던 만나가) 하루가 지나도 상하지 않았다는 점입니다.

(출 16:23~24) 23 모세가 그들에게 이르되 여호와께서 이같이 말씀하셨느니라 내일은 휴일이니 여호와께 거룩한 안식일이라 너희가 구울 것은 굽고 삶을 것은 삶고 그 나머지는 다 너희를 위하여 아침까지 간수하라 24 그들이 모세의 명령대로 아침까지 간수하였으나 냄새도 나지 아니하고 벌레도 생기지 아니한지라

하늘에서 내리는 만나는 분명 '사람이 먹는 양식'이라는 점에서는 '물질'이었습니다. 그런데 평일에는 하루만 지나면 상하는 물질이 안식일을 준비하는 날에는 하루가 지나도 상하지 않았습니다. 더군다나 하나님께서 하늘에서 매일 내려주신 양식으로 광야에서 살아갈 수 있었음을 후손에게 기억시키고자 모세에게 명령하셔서 항아리 안에 담아 법궤에 보관했던 만나는 40년이 지나도 썩지 않았습니다. 평일의 만나와, 안식일 하루 전의 만나는 서로 다른 성질의 만나가 내린 것일까요? 그 특별한 날의 만나는 하나님께서 방부제(防腐劑)에 푹 절여서 내려보내신 것일까요?

물질이면서도 물질의 특성을 넘어서는 만나의 성질은 이 세상의 과학으로는 설명할 수 없는 일이었습니다. 마치 부활하신 예수님의 몸이 음식을 드시는 일반 육체인 동시에 공간을 이동하시고 하늘로 오르시는 바를 과학이 설명하지 못하는 것처럼 말입니다.

이스라엘 백성은 광야 40년의 세월 동안 매일 아침 이러한 특성을 가진 만나를 거두어 먹으면서 그들의 생명을 지켜주시는 분은 오직 하나님이심을 기억하며 하나님만을 의지하는 삶을 배워야 했습니다. 남들보다 좀 더 많이 거두고 만약을 위해, 미래를 위해 저장해 두려는 욕심을 부려도 상하고 마는 만나를 통해 만나가 내 삶을 유지해 주는 일용할 양식이기는 하지만 만나가 아니라 만나를 주시는 하나님을 의지해야 함을 배우게 됩니다.

모세는 이 만나 사건의 의미를 두고 하나님의 사람들은 세상의 양식으로만 사는 것이 아니라 여호와의 입에서 나오는 모든 말씀으로 살아가야 한다는 것을 가르치시려는 하나님의 시험이라고 말했습니다.

> (신 8:3) 너를 낮추시며 너를 주리게 하시며 또 너도 알지 못하며 네 조상들도 알지 못하던 만나를 네게 먹이신 것은 사람이 떡으로만 사는 것이 아니요 여호와의 입에서 나오는 모든 말씀으로 사는 줄을 네가 알게 하려 하심이니라

이스라엘 백성이 광야의 삶에서 치러야 했던 이 시험은 하나님의 아들이신 예수님께서도 빈 광야에서 치르셔야 했던 시험이었습니다.

> (마 4:4) 예수께서 대답하여 이르시되 기록되었으되 사람이 떡으로만 살 것이 아니요 하나님의 입으로부터 나오는 모든 말씀으로 살 것이라 하였느니라 하시니

그리고 오늘 우리도 이 시험을 치르는 인생을 살아가야 하는 중에 주기도문을 통해 이 사실을 되새기는 것입니다.

> (마 6:11) 오늘 우리에게 일용할 양식을 주시옵고

만나 사건을 배경으로 주기도문을 해석해 보자면 "일용할 양식"에 대한 기도는 ① 하루의 삶을 살아갈 힘이 하나님에게서 온다는 고백 ② 그 하루의 삶

이 내 손에 달린 것이 아니라는 고백 ③ 하나님의 자녀들은 세상의 자원이 아니라 하나님의 은혜로 살아가는 존재라는 것을 고백하고 있는 것입니다.

안식일

주기도문의 "일용할 양식"이라는 간구의 배경에는 안식일 계명도 연결되어 있습니다. 창조 이후의 날짜 전개 순서로만 보자면 안식일은 '6일의 천지 창조 후 다음 날'입니다. 그러나 안식일은 하나님이 해야 할 일을 남겨두고 너무 피곤하므로 '쉬신 날'이 아니라, 세상이 완벽하게 완성되어서 더 이상 해야 할 일이 없어진 상태에서 하나님이 창조의 일 없이 '존재하신' 날입니다. 안식일은 일하는 중간에 쉬는 날이 아니라, 창조의 일을 마치고 모든 피조세계가 하나님의 계획대로 완성되고 하나님의 뜻대로 존재하며 온 세상이 조화롭게 운영되는 첫날이었습니다.

그런데 인간의 범죄로 인하여 세상은 "하나님께서 보시기에 심히 좋은" 안식의 상태에서 벗어나 버렸습니다. 하나님께서 죄를 범한 인류를 포기하고 내어버리셔도 인간 편에서는 할 말이 없습니다. 죄는 인간이 범했기 때문입니다. 인간이 생명의 근원인 하나님을 버리고 스스로 물을 가두지 못하는 터진 웅덩이를 팠기 때문입니다.

(렘 2:13) 내 백성이 두 가지 악을 행하였나니 곧 그들이 생수의 근원되는 나를 버린 것과 스스로 웅덩이를 판 것인데 그것은 그 물을 가두지 못할 터진 웅덩이들이니라

이 사건으로 인해 일을 마치시고 안식하셨던 하나님이 다시 일하기 시작하

셨습니다. 죽은 우리, 영원히 죽어야 할 우리를 살리려고, 하나님이 보기에 좋았던 그 안식의 상태로 되돌리려고, 죽었고 죽어야 할 인간들에게 하나님 자신을 나타내고, 사람을 통해 계시하고, 인류 역사에 직접 관여하고, 선지자를 통해 예언하고 결국 그 약속대로 예수님을 보내셨습니다.

예수님께서 이 땅에 오셔서 모든 불완전한 것들을 온전케 하시고 약자와 병자들을 고치신 치유의 사역은 죽음의 병에 걸린 인간과 세상을 고치셔서 하나님께서 보시기에 좋았던 안식의 모습을 이루시려는 하나님의 통치와 재창조를 보여 주는 모습이었습니다. 심지어 예수님께서는 이런 치유 사역을 일부러 안식일에 행하신 때가 많았습니다. 그것은 안식의 참된 의미가 하나님 나라의 다스리심이 우리 삶 가운데 임하여 하나님을 경배하는 온전한 피조물의 모습으로 존재하는 것이기에 예수님에게 있어서 안식일은 '일을 하느냐 마느냐'의 관점으로 지켜야 하는 날이 아니라 하나님의 뜻대로 온전하게 회복되는 날, 존재하는 날로 간주하셨기 때문입니다.

그래서 우리 그리스도인들에게 있어 안식일을 지켜야 한다는 십계명에 대한 바른 이해는 태초에 하나님이 보시기에 심히 좋았던 그 첫 창조를 찬양하고 그 상태를 동경하는 것이며, 세상 마지막 날 예수님의 재림으로 사탄의 나라가 멸망하고 완전한 하나님의 나라가 세워져 다시 한번 하나님이 보시기에 심히 좋은 재창조 완성의 때를 소망하는 것이며, 오늘을 살아가는 우리에게도 하나님의 이름이 높임 받고 하나님의 뜻이 이루어지는 하나님의 나라가 임하여 하나님의 안식이 우리 삶에 이루어지는 것을 소망하고 기도하고 순종하는 것입니다.

인간적 계산으로는 안식일에 쉬는 만큼 수입이 줄어들고 하루라도 더 일하면 수입이 늘어납니다. 안식일에 일하지 않고 쉰다면 그만큼 수입이 줄어듭니다. 그러나 하나님을 아버지로 모시고 사는 하나님의 자녀들인 예수 공동체는 더 벌어서 만족을 누리는 삶이 아니라 하나님의 말씀대로 살면서 하나님이 채우시는 만큼 누리고 그것으로 만족하겠다는 결심, 이것이 일용할 양식을 기도하는 하나님 나라 백성의 삶의 자세이어야 합니다.

뿌리 뽑힌 나무 인생 : 시냇가에 심은 나무 인생

하나님을 생명의 근원, 일용할 양식의 근원으로 삼지 않고, 만나 사건과 안식일의 교훈을 무시하고 자기 힘과 뜻을 좇아 자기가 자기의 하나님이 되어 사는 사람의 삶은 "뿌리 뽑힌 나무"와 같습니다.

누가복음 15장에 등장하는 둘째 아들이야말로 이러한 삶을 가장 잘 보여 주는 모델일 것입니다. 그는 아버지의 영향력을 벗어나 자기가 원하고 계획하고 그 뜻을 펼치는 삶을 꿈꾸었습니다. 그러나 아버지를 떠난 둘째 아들의 삶은 모든 재산을 허랑방탕하게 소진해 버린 후에 돼지의 사료로도 배를 채울 수 없는 비참한 지경에 이르고 말았습니다. 이것은 둘째 아들이 꿈꾸던 진정한 자유와 행복의 삶이 아니었습니다.

만약 이 둘째 아들에게 방탕하게 살더라도 충분한 자원이 있다면 아무런 문제가 없었을 것입니다. 그러나 자신의 힘으로 쌓아 올린 자원이 아니라 아버지로부터 물려받은 자원을 지키거나 늘려갈 지혜와 능력이 그에게는 없었고 물려받은 자원 역시 무한한 것이 아니었습니다. 이와 같이 우리 인류도 하나님을 떠나서라도 행복해질 수 있는 지혜가 있거나 인간의 죄 된 본성에 기인

한 모든 죄와 저주로 인한 문제들을 극복할 수 있는 능력이 있다면 좋겠지만 현실은 그러하지 못합니다.

아담의 범죄 이후 인류는 인간을 위한 일용할 모든 필요가 채워져 어떠한 결핍도 없는 에덴동산에서의 삶, 하나님 은혜의 삶에서 끊어지고 말았습니다. 자신을 위한 모든 필요를 스스로 챙겨야만 생존할 수 있게 된 인류는 저주받은 자연계 안에서 땀 흘리는 수고를 해야 그나마 생존할 수 있게 되었는데 그것은 생존을 위한 최소한의 자원일 뿐 영원을 위한 자원은 확보할 수 없었습니다. 이러한 세상에서 조금이라도 더 많은 자원을 확보해야만 작은 안정감이라도 누릴 수 있었던 인류는 남의 것을 빼앗아서라도 더 많은 생명과 안정의 자원을 확보하려고 서로 물고 뜯으며 빼앗고 빼앗기는 투쟁을 이어왔습니다.

그런데 우리 인류의 삶이 정말 허무한 것은 아무리 많이 빼앗은 사람, 많이 가진 사람, 많이 이룬 사람도 그것으로 만족하지 못하고 언제나 두려움과 불안함에 사로잡혀 살아간다는 것입니다. 이 불안함을 이겨보려고 더 노력하고 더 수고하지만, 인류는 알 수 없는 이 불안함의 근원이 무엇인지도 알지 못합니다. 이것이 바로 하나님을 반역하여 인간이 처하게 된 우리 인류의 현실이고, 성경이 말하는 죽음의 증거입니다.

혹자는 이러한 인류의 현실에 대하여 다스려야 할 것을 다스리지 못하고 오히려 '다스림 받는' 존재로 전락해 버린 우상 숭배의 삶, 결핍을 벗어나고자 소유를 추구하지만 결국 '소유의 소유'가 되고 마는 맘몬 숭배(배금拜金)의 삶, 마음의 소원과 능력의 한계로 인한 괴리 때문에 괴로워하는 소외와 부조리의 삶이라고 진단하였습니다.

반면 하나님께 생명의 뿌리를 내린 사람들을 두고 성경은 "시냇가에 뿌리 내린 나무"로 비유합니다.

(시 1:3) 그는 시냇가에 심은 나무가 철을 따라 열매를 맺으며 그 잎사귀가 마르지 아니함 같으니 그가 하는 모든 일이 다 형통하리로다

시냇가에 뿌리 내린 나무는 언제든지 수분을 공급받을 수 있으므로 자원을 모으고 저장하는 일에 삶의 에너지를 쏟지 않습니다.

예수님께서 주기도문을 통해 하나님께 '일용할 양식'을 구하라고 가르치신 동시에 예수님은 당신이 우리의 '일용할 것'인 동시에 '상용^{常用}할 것'이 되신다고 말씀하셨습니다.

(요 6:35) 예수께서 이르시되 나는 생명의 떡이니 내게 오는 자는 결코 주리지 아니할 터이요 나를 믿는 자는 영원히 목마르지 아니하리라

예수님이 바로 우리 삶의 자원과 근거임을 가르치시는 것입니다.

제자들이 전도 여행을 마치고 돌아왔을 때 예수님께서 이런 질문을 하셨습니다. "전대와 배낭과 신발도 없이 보내었을 때에 부족한 것이 있더냐?"

(눅 22:35) 그들에게 이르시되 내가 너희를 전대와 배낭과 신발 없이 보내었을 때에 부족한 것이 있더냐 …

이 질문에 제자들이 답합니다. "없었습니다!"

(눅 22:35) … 이르되 없었나이다

지금 내 손에 쥔 것이 없어 염려하고 근심하며 미래를 두려워하지만 언젠가 우리의 인생 여행을 마칠 때 우리의 삶이 과거가 되는 어느 시점에 우리도 예

수님 앞에서 이 대답하게 될 것입니다. "전대와 배낭과 신발도 없이 살았을 때라도 부족한 것이 있더냐?" "없었습니다!"

일용할 양식을 주소서

우리는 "일용할 양식"을 기도하면서 '미리' 받고, '넘치도록' 받고, '쌓아 둘 만큼' 받기를 소원합니다. 그래야 미래에 대한 불안이 없이 안정감을 느끼기 때문입니다. 그런데 '일용할'이라는 표현을 통해 배워야 할 것이 무엇이고, 고쳐야 할 생각이 무엇인지를 생각하게 됩니다.

한 달 치 음식을 쌓아 두고 자식을 거들떠보지 않는 부모님, 아니면 매일 저녁 갓 지은 밥과 찬을 나누는 가족의 식사 교제를 나누는 부모님. 무엇이 정말 인격적인 관계성의 교제, 부모와 자녀의 관계일까요? 하나님은 우리에게 몇 년 치 사료를 쌓아주고는 '이제는 잘 먹고 잘살아라' 하는 분이 아니십니다. 우리도 하나님 아버지와 그런 관계로 사는 것을 원하지는 않습니다.

한 부자가 있었습니다. 그는 많이 쌓아 두면 삶이 행복해질 줄 알고 죽도록 일해 곳간을 채우고는 자부심에 가득 차 이렇게 말합니다. "여러 해 쓸 물건을 많이 쌓아 두었으니 평안히 쉬고 먹고 마시고 즐거워하자"

<small>(눅 12:19) 또 내가 내 영혼에게 이르되 영혼아 여러 해 쓸 물건을 많이 쌓아 두었으니 평안히 쉬고 먹고 마시고 즐거워하자 하리라 하되</small>

그런데 하나님께서 이 사람을 두고 이렇게 말씀하십니다. "어리석은 자여 오늘 밤에 네 영혼을 도로 찾으리니 그러면 네 준비한 것이 누구의 것이 되겠

느냐?"

(눅 12:20) 하나님은 이르시되 어리석은 자여 오늘 밤에 네 영혼을 도로 찾으리니 그러면 네 준비한 것이 누구의 것이 되겠느냐 하셨으니

토질을 알고, 기후를 알고, 농사 기술을 연구하여 더 많은 소출을 얻을 수는 있지만 자기 생명을 자기가 결정할 수는 없습니다. 성경은 우리가 책임질 수 없고 우리 힘으로 결정할 수 없는 것들을 자랑하는 것은 악한 일이라고 말합니다.

(약 4:13~16) 13 들으라 너희 중에 말하기를 오늘이나 내일이나 우리가 어떤 도시에 가서 거기서 일 년을 머물며 장사하여 이익을 보리라 하는 자들아 14 내일 일을 너희가 알지 못하는도다 너희 생명이 무엇이냐 너희는 잠깐 보이다가 없어지는 안개니라 15 너희가 도리어 말하기를 주의 뜻이면 우리가 살기도 하고 이것이나 저것을 하리라 할 것이거늘 16 이제도 너희가 허탄한 자랑을 하니 그러한 자랑은 다 악한 것이라

그러니 우리는 우리의 생명이 하나님께 달려 있음을 인정하는 것과 함께 그 생명을 위한 일용할 양식도 하나님에게서 구하는 것이 옳습니다. 예수님께서도 들의 꽃과 공중의 새를 먹이시는 하나님의 이름으로 이 사실을 다시 확인하십니다.

(마 6:26) 공중의 새를 보라 심지도 않고 거두지도 않고 창고에 모아들이지도 아니하되 너희 하늘 아버지께서 기르시나니 너희는 이것들보다 귀하지 아니하냐

오늘 하루를 위한 은혜를 주신 하나님은 내일 하루를 살아갈 힘도 주실 것입니다.

(마 6:34) 그러므로 내일 일을 위하여 염려하지 말라 내일 일은 내일이 염려할 것

이요 한 날의 괴로움은 그 날로 족하니라

일용할 양식을 구하는 기도는 매일의 삶에서 그렇게 견디고 버티어낼 힘을 구하는 기도입니다.

하나님께서 우리 모두에게 매일 아침 그날 하루를 살아낼 새로운 은혜를 주시기를 소망합니다.
(애 3:23) 이것들이 아침마다 새로우니 주의 성실하심이 크시도소이다

잠언에 기록된 아굴이라는 사람의 기도가 바로 이런 내용을 담고 있습니다.
(잠 30:8~9) 8 … 나를 가난하게도 마옵시고 부하게도 마옵시고 오직 필요한 양식으로 나를 먹이시옵소서 9 혹 내가 배불러서 하나님을 모른다 여호와가 누구냐 할까 하오며 혹 내가 가난하여 도둑질하고 내 하나님의 이름을 욕되게 할까 두려워함이니이다

우리가 모두 생명의 근원이며 마르지 않는 시내와 같은 예수님께 뿌리를 내리고 일용할 양식을 매일 매 순간 주님으로부터 공급받아 "철을 따라 열매를 맺으며 그 잎사귀가 마르지 아니"한 하나님 나라 백성, 예수 공동체, 시냇가에 심은 나무와 같이 살아가야 합니다.

하이델베르크 요리문답 125문에서는 일용할 양식을 구하는 기도의 의미를 이렇게 가르칩니다.

"우리 몸에 필요한 모든 것을 기꺼이 내려주사 오직 주님만이 모든 좋은 것의 근원임을 인정하게 하시고, 주님이 복 주시지 않으면 우리 염려나 수고 심지어 주님의

선물조차 우리에게 아무 유익이 되지 못함을 알게 하옵소서. 그리하여 우리가 어떤 피조물도 의지하지 않고 오직 주님만 의지하게 하옵소서."

그래서 주기도문에서 "일용할 양식"을 구하는 기도는 내 인생과 생명의 참된 주인은 하나님이시고 하나님만이 내 생명을 지키시는 분, 하나님만이 내 삶의 진정한 자원이라는 고백입니다. 하나님을 의지하고 교제하며 살아갈 때만 진정한 만족과 행복이 있다는 고백입니다. 하루라도 더 일해서 스스로 삶의 자원을 비축해 내 생명과 안전에 대한 최소한의 안전이라도 보장받겠다는 아담적 삶을 거부하고 하나님의 말씀에 따라 살아가면서 하나님께서 주시는 만큼 누리겠다는 고백입니다. 일이나 물질을 하나님보다 더 앞세우지 않으며 그것들을 절대화하거나 우상화하지 않겠다는 고백입니다. 매일매일 오늘 하루 필요한 은혜를 채워달라고 하나님께 기도함으로써 하나님과 매 순간 살아 있는 관계성을 놓치지 않겠다는 고백입니다.

동시에 우리는 '일용할 양식'을 구하는 주기도문의 이 문장 안에서 다시 한 번 공동체성을 발견합니다. 비록 주기도문을 개인적으로 혼자 기도한다고 하더라도 우리는 일용할 양식이 내게만 주어져야 할 것이 아니라 이 기도로 아버지 하나님께 나아가는 "우리" 모두에게 필요하다고 기도하고 있기 때문입니다. 우리 모두에게 이 은혜가 필요하고 우리가 모두 이 고백을 함께 올려드려야 합니다. 이것이 바로 하나님 나라의 백성, 예수 공동체 교회만이 할 수 있는 신앙의 고백이 담긴 기도인 것입니다.

Chapter 7

우리 죄를 사하여 주시옵고

우리가 우리에게 죄 지은 자를 사하여 준 것 같이
우리 죄를 사하여 주시옵고
(마 6:12)

죄는 빚지는 것입니다.

이방인을 대상으로 기록된 누가복음에서는 "우리의 죄들을[sins] 사하여 주시옵소서"라고 기록한 이 간구를, 유대인을 대상으로 기록된 마태복음에서는 "우리의 빚들을[debts] 사하여 주시옵소서"라고 기록하고 있습니다. 성경이 '죄'와 '빚'이라는 단어를 혼용하고 있는 것입니다. 그 이유는 십계명에 근거한 유대인들의 윤리 개념에서 누군가에게 죄를 범하는 것을 빚지는 것으로 이해했기 때문인데 '죄'는 '빚'이고, '용서'는 '탕감'이라는 이 개념은 주기도문의 이 구절을 이해하는 데 중요한 통찰을 제공합니다.

일반사회에서 죄라는 것은 '명문화된 법조문을 어기는 행동'으로써 사람들의 '행위를 규정하는 개념'입니다. 그러나 성경이 말하는 죄는 '관계성의 개념'입니다. 죄를 하나님과의 관계에서 정의하면 하나님을 창조주와 절대 주권자로 인정하지 않고 스스로 세상의 주인으로 여기고 모든 상황에서 자기 뜻을 관철하려고 하나님이 정하신 질서를 넘어서는 일입니다. 죄를 사람과의 관계에서 정의하면 자기 욕심을 만족시키고 실현하려고 다른 사람의 자발적 뜻에 반하여 힘과 거짓으로 타인의 존재와 소유와 인격을 범하고 착취하여 그를 통해 자기 유익을 추구하는 일입니다.

인류는 하나님께 마땅히 지켜야 할 순종을 하지 못했다는 점에서 하나님께 죄를 범한 존재입니다.

> (신 27:26) 이 율법의 말씀을 실행하지 아니하는 자는 저주를 받을 것이라 할 것이요 모든 백성은 아멘 할지니라

동시에 불순종의 결과에 대한 대가를 치러야 한다는 점에서 하나님께 빚진

존재입니다.

> (롬 1:18) 하나님의 진노가 불의로 진리를 막는 사람들의 모든 경건하지 않음과 불의에 대하여 하늘로부터 나타나나니

죄를 범하는 것은 빚을 갚지 않는 행위처럼 관계를 깨뜨리는 요인입니다. 우리 인류는 하나님께 빚을 짐으로써 하나님과 우리 사이의 관계성이 깨어지고 말았습니다.

> (사 59:2) 오직 너희 죄악이 너희와 너희 하나님 사이를 갈라놓았고 separated between you and your God …

아담이 죄를 범함으로 하나님과 가졌던 원래의 관계성을 스스로 깨뜨려버린 것처럼 오늘날도 창조주와 피조물의 관계를 맺기 싫어하는 사람들은 모두가 아담적 삶을 살아가는 사람, 아담의 길을 따르는 사람이라고 말할 수 있습니다.

더 심각한 문제는 하나님과의 관계성이 깨지고 나자, 하나님을 생명의 근원으로 삼고 그 공급을 통해 살아야 할 우리가 뿌리 뽑힌 나무처럼 되었다는 것입니다.

> (사 59:2) … 너희 죄가 그의 얼굴을 가리어서 너희에게서 듣지 않으시게 함이니라

하나님이 인간에게 허락하신 삶이 얼마나 아름답고 완전했는가를 보여 주는 실물 모델은 에덴동산이었습니다. 그러나 하나님과의 관계를 깨뜨려버린 인간은 하나님의 완전한 채우심의 장소 에덴동산에서 쫓겨났습니다. 하나님의 말씀을 거역하고 하나님과의 바른 관계를 벗어나는 것은 전지전능한 창조주 하나님께서 베푸시는 모든 은혜로부터 자신을 끊어버리는 일이었습니다.

아담은 이제 (그가 원했던 것처럼) 하나님 없는 자기 힘으로 삶을 영위하며 존재의 안녕을 실현해야 했습니다. 생명의 근원인 하나님으로부터 끊어짐이 하나님께서 말씀하셨던 죽음이라는 것을 아담은 알지 못했습니다.

동시에 우리 인류의 심각한 문제는 하나님에게 진 죄와 빚을 갚을 만한 능력이 없다는 점입니다. 인류 역사와 오늘 우리 현실이 보여 주는 것처럼 우리에게는 자신과 타인의 평안과 안녕과 공존을 소원하면서도 그것을 이루어낼 힘이 없습니다. 우리는 빚을 지고서도 갚을 힘이 없는 사람들, 뿌리 뽑힌 나무가 되고 말았습니다. 우리는 하나님과의 관계성을 깨뜨림으로써 하나님의 은혜를 공급받을 길을 스스로 끊어버린 존재들입니다. 위험하다고 말리는 바다에 자기만족과 행복을 위해 호기롭게 뛰어들었는데 정작 수영할 줄 모르는 존재, 더 많은 것을 누리기 위해 빚을 졌는데 갚을 능력이 없는 존재 이것이 바로 우리 인류의 현실입니다.

우리가 갚을 수 없는 빚을 대신 갚아 주시고
하나님과의 화목을 회복시켜 주신 분이 예수님이십니다

그런데 하나님은 이러한 우리를 버려두지 않으셨습니다. 하나님은 죄를 범하여 하나님과의 관계성을 깨뜨린 우리를 어떻게 해서라도 구원하고 싶으셨습니다. 그러나 이미 깨어진 관계가 저절로 회복되는 것은 아니기에 누군가는 죄에 대한 빚을 갚아야 했습니다. 그래서 하나님은 우리를 사랑하셔서 우리 죄의 대가를 대신 치르게 하시려고 화목제물로 그 아들 예수 그리스도를 구세주로 이 땅에 보내셨습니다.

(요일 4:10) 사랑은 여기 있으니 우리가 하나님을 사랑한 것이 아니요 하나님이 우

리를 사랑하사 우리 죄를 속하기 위하여 화목제물로 그 아들을 보내셨음이라

우리에게는 이 죄의 빚을 갚을 능력이 없으므로 우리의 유일한 소망은 예수 그리스도를 통한 죄의 용서, 빚의 탕감뿐입니다.

(요일 1:9) 만일 우리가 우리 죄를 자백하면 그는 미쁘시고 의로우사 우리 죄를 사하시며 우리를 모든 불의에서 깨끗하게 하실 것이요

그렇습니다. 우리의 죄에 대하여 내려질 하나님의 심판을 감당할 수 없는 우리가 죄에 대한 하나님의 심판을 피할 방법은 예수님의 십자가를 의지하여 용서를 구하는 것뿐입니다. 오직 예수 그리스도의 십자가 사건과 그 믿음만이 유일한 죄 용서의 길, 빚 탕감(蕩減)의 길입니다.

(요일 1:7) … 그 아들 예수의 피가 우리를 모든 죄에서 깨끗하게 하실 것이요

그런데 주기도문의 표현 가운데 '우리 죄를 사하여 달라'는 기도 앞에 붙어 있는 '우리가 우리에게 죄지은 자를 사하여 준 것 같이'라는 문장의 해석은 주의해야 합니다. 이 표현은 마치 '우리가 먼저 남을 용서해 주었으니 그 조건 때문에 우리를 용서해 달라'고 구하는 것처럼 보입니다. 그런데 만약 이런 의미로 이 기도를 한다면 모든 죄의 용서를 받을 사람은 없을 것입니다.

이 구절을 이해하려면 주기도문의 앞 문장 "뜻이 하늘에서 이루어진 것 '같이' 땅에서도 이루어지"기를 구하는 기도에서도 "같이"라는 표현과도 연결지어야 하는데 '같이'라는 표현을 "같은 방식으로" 해석할 수 있습니다. 이러한 해석의 통일성 안에서 보자면 이 구절은 '내가 남을 먼저 용서한 사실을 기반으로 나를 용서해 달라'는 의미가 아니라 '나를 용서해 주셨으니 나도 남을 용서하겠습니다'라는 서약의 의미가 강합니다.

이 부분에 대한 부연 설명이 마태복음에서 주기도문 단락의 바로 다음 구절에 등장합니다.

(마 6:14~15) 14 너희가 사람의 잘못을 용서하면 너희 하늘 아버지께서도 너희 잘못을 용서하시려니와 15 너희가 사람의 잘못을 용서하지 아니하면 너희 아버지께서도 너희 잘못을 용서하지 아니하시리라

이 주제와 관련하여 예수님께서는 하나의 이야기[illustration]를 들려주십니다.

(마 18:23~35) 23 그러므로 천국은 그 종들과 결산하려 하던 어떤 임금과 같으니 24 결산할 때에 만 달란트 빚진 자 하나를 데려오매 25 갚을 것이 없는지라 주인이 명하여 그 몸과 아내와 자식들과 모든 소유를 다 팔아 갚게 하라 하니 26 그 종이 엎드려 절하며 이르되 내게 참으소서 다 갚으리이다 하거늘 27 그 종의 주인이 불쌍히 여겨 놓아 보내며 그 빚을 탕감하여 주었더니 28 그 종이 나가서 자기에게 백 데나리온 빚진 동료 한 사람을 만나 붙들어 목을 잡고 이르되 빚을 갚으라 하매 29 그 동료가 엎드려 간구하여 이르되 나에게 참아 주소서 갚으리이다 하되 30 허락하지 아니하고 이에 가서 그가 빚을 갚도록 옥에 가두거늘 31 그 동료들이 그것을 보고 몹시 딱하게 여겨 주인에게 가서 그 일을 다 알리니 32 이에 주인이 그를 불러다가 말하되 악한 종아 네가 빌기에 내가 네 빚을 전부 탕감하여 주었거늘 33 내가 너를 불쌍히 여김과 같이 너도 네 동료를 불쌍히 여김이 마땅하지 아니하냐 하고 34 주인이 노하여 그 빚을 다 갚도록 그를 옥졸들에게 넘기니라 35 너희가 각각 마음으로부터 형제를 용서하지 아니하면 나의 하늘 아버지께서도 너희에게 이와 같이 하시리라

우리는 주기도문에서 하나님께 기도합니다. "이와 같이" 우리가 하나님 나라 백성이 되고, 예수 공동체 교회가 될 때 하나님은 우리를 용납하여 품어 주셨습니다. 일만 달란트[6천만 데나리온, 16만년 일당]라는 어마어마한 빚을 지고 갚을 길 없는

우리를 탕감해 주셨습니다. 그래서 우리가 세상을 사랑할 때도 우리가 할 수 있는 최고의 사랑은 내가 받은 것과 같은 방식으로 남을 용납하고 용서하는 것입니다.

'남을 용서해야 한다'는 이 말씀을 읽을 때마다 우리에게는 용서하기 힘든 사람만 떠오릅니다. 그런데 내가 남을 용서해야 한다는 명령이나 책임감보다 먼저 생각해야 할 것은 내가 용서받아야 할 사람이라는 것과 내가 먼저 용서받았다는 것을 되새기는 것입니다.

물론 우리는 성경이 용서를 명령하고 있다고 해서 다른 사람에게 용서를 강요해서는 안 됩니다. 더군다나 잘못한 당사자가 이런 구절을 들먹이며 상대방에게 용서를 종용하는 것은 파렴치한 짓입니다. 회개의 중요한 원리가 이것입니다. 우리는 죄와 빚에 대하여 하나님께 회개함으로 하나님께 용서받아야 하듯이 사람에게 용서를 구하여 사람에게도 용서받아야 합니다.

용서해야 하는 줄 알면서도 마음으로부터 용서가 되지 않을 때 우리는 주님 앞에 나아가 주기도문으로 기도해야 합니다. "주님, 하나님께서 우리의 죄를 용서하신 것처럼 우리도 우리에게 죄지은 형제를 불쌍히 여기며 용서할 수 있도록 도와주십시오." 이것이 "우리가 우리에게 죄 지은 자를 사하여 준 것 같이 우리 죄를 사하여 주시옵고"라는 주기도문의 의미입니다.

하나님과 화목, 사람과 화목하게 되는 것이 예수님의 명령입니다

예수님께서 이 땅에 계실 때 제자들에게 주셨던 많은 말씀 가운데 핵심이 되는 두 가지의 큰 명령이 있습니다. 하나는 대계명大誡命이라고 불리는 사랑의 명령입니다.

> (마 22:36~40) 36 선생님 율법 중에서 어느 계명이 크니이까 37 예수께서 이르시되 네 마음을 다하고 목숨을 다하고 뜻을 다하여 주 너의 하나님을 사랑하라 하셨으니 38 이것이 크고 첫째 되는 계명이요 39 둘째도 그와 같으니 네 이웃을 네 자신 같이 사랑하라 하셨으니 40 이 두 계명이 온 율법과 선지자의 강령이니라

예수님께서는 이 말씀을 통해 구약의 모든 율법을 요약하셨습니다.

또 다른 하나의 명령은 대사명大使命이라고 불리는 전도의 명령입니다.

> (마 28:19~20) 19 그러므로 너희는 가서 모든 민족을 제자로 삼아 아버지와 아들과 성령의 이름으로 세례를 베풀고 20 내가 너희에게 분부한 모든 것을 가르쳐 지키게 하라 볼지어다 내가 세상 끝날까지 너희와 항상 함께 있으리라 하시니라

전도와 사랑, 어찌 보면 전혀 상관없는 것 같은 명령이지만 이 두 가지 명령은 상호 연관성이 깊습니다. 복음을 전하라는 대위임령은 세상의 사람에게 하나님과 화목할 것을 전하라는 명령입니다. 이웃 사랑의 대계명은 인간들끼리 화목을 실천하는 삶을 살 것에 대한 명령입니다. 이런 관점에서 보자면 대계명과 대명령은 본질적으로는 "화목"和睦에 대한 명령이라고 말할 수 있습니다. 그래서 성경은 우리에게 화목의 사명과 직분을 주셨으니, 세상을 하나님과 화목하게 하고 서로서로 화목하게 하는 일꾼이 되라고 말씀하십니다.

> (고후 5:18) 모든 것이 하나님께로서 났으며 그가 그리스도로 말미암아 우리를 자기와 화목하게 하시고 또 우리에게 화목하게 하는 직분을 주셨으니

예배란 사람들이 피조물이자 하나님 나라 백성이요, 자녀로서의 관계성을

인정하고 하나님과 화목되고 의존하는 존재로 살겠다고 고백하면서 하나님 사랑을 표현하는 일입니다. 전도는 동시대에 만날 수 있는 사람들에게, 선교는 타 문화권 대상에게, 교육은 다음 세대들에게 하나님과의 화목이 깨어져 하나님을 떠나 뿌리뽑힌 나무로 살아가지 말고 하나님과 화목해지라고, 화목 가운데 살아가라고 전하는 일입니다. 성도의 교제란 하나님의 자녀로서 사랑을 나누며 '사람과의 화목'을 실현해 나가는 것입니다. 그런 점에서 교회의 사역 본질은 "하나님과의 화목", "사람과의 화목"이라고 말할 수 있습니다.

회개하며 용서하는 삶을 살라

일용할 양식에 대한 간구가 우리가 자원이 있어야만 생존할 수 있는 존재이지만 스스로 자원을 만들어낼 수 없는 피조물이라는 사실을 되새기게 한다면 죄 용서에 대한 간구는 우리가 죄 문제를 해결할 능력 없는 존재요, 죄 문제 안에서 살아가는 죄인이라는 사실을 되새기게 합니다. 떡이 육체를 위한 일용한 양식이라면 용서는 영혼을 위한 일용할 양식입니다.

오늘의 기도문을 통해 우리에게는 두 가지 명령이 주어졌음을 알 수 있습니다. 첫째는 하나님과 사람 앞에 잘못을 시인하고 회개하라는 명령입니다. 둘째는 다른 사람을 용납하라는 명령입니다.

고대 교회에서는 하나님 앞에서 죄를 고백하고 사죄의 확신에 대한 말씀을 선언한 이후 입맞춤의 방법으로 신자들 상호 화해의 시간을 가졌다고 합니다. 교회 교부 오리겐은 이 입맞춤이 없다면 참된 예배가 될 수 없다는 말까지 했다고 합니다. 화해를, 예배를 예배 되게 하는 조건이자 예배의 요소로 이해한 것입니다.

> (마 5:23~24) 23 그러므로 예물을 제단에 드리려다가 거기서 네 형제에게 원망들 을 만한 일이 있는 것이 생각나거든 24 예물을 제단 앞에 두고 먼저 가서 형제와 화목하고 그 후에 와서 예물을 드리라

고대 교회에서 이 '입맞춤' 화해의 양식은 오늘날 교회 공동체의 예배 안에서 "전통에서 사랑과 화해의 말 나누기"로 실천되고 있습니다.

율법은 순종의 삶을 살면 복과 은혜를 받는다고 가르칩니다. 그러나 산상수훈의 일부인 주기도문은 예수 안에서 우리가 이미 받은 은혜로 인하여 순종의 삶을 살 수 있다고 가르칩니다. 순종하여 은혜받는 것이 아니라, 은혜받아 순종하는 것입니다. 물론 은혜가 없고 은혜를 깨닫지 못하면 순종할 힘과 마음도 생기지 않습니다. 그러나 은혜를 받고 은혜를 깨달으면 순종할 힘과 마음도 생깁니다. 은혜가 우리를 새 사람 되게 하고 순종할 동력을 얻게 합니다. 은혜가 성도의 양식이고, 순종의 에너지이고, 하나님을 기쁨으로 섬기게 하는 동기부여입니다. 우리는 하나님께 용서받은 죄인, 사랑받는 자녀입니다. 이 사실을 깊이 자각하고 마음에 새기기만 하여도 저절로 삶이 변할 것입니다.

과분한 대접을 받아본 사람이 남을 대접할 때 정성을 다하고, 넘치는 사랑을 받아본 사람이 남을 사랑할 줄 알 듯 하나님으로부터 받은 은혜의 부유함을 아는 사람으로서 은혜를 베푸는 삶을 살아야 합니다. 소원은 있으나 소원을 이룰 능력은 없고, 책임은 있으나 책임을 감당할 능력이 없는 우리가 갚을 길 없는 빚을 먼저 탕감받은 사람으로서 다른 사람을 용서하며 품어주는 은혜의 삶을 살아야 합니다.

늘 자신을 피해자라고 생각하며 내가 받은 피해와 내가 받은 상처만 생각할 뿐 내가 어떤 피해와 어떤 상처를 입혔는지도 알지 못하는, 더 정확히 말하면 알고 싶어하지 않는, 알아도 갚을 의지가 없는 삶이 아니라 용서받아야 할 존재로서 받은 용서가 너무 감사하여 용서하는 삶을 살아야 합니다.

Chapter 8

악에서 구하시옵소서

우리를 시험에 들게 하지 마시옵고
다만 악에서 구하시옵소서
(마 6:13)

우리가 인생을 사는 동안 기쁘고 행복하고 좋은 일만 있으면 얼마나 좋겠습니까마는 그럴 수 없다는 것을 누구나 잘 압니다. 목회자로 살다 보니 다양한 형편, 나이, 직업, 성향, 배경을 가진 성도들을 만납니다. 때론 너무나 평안하고 밝은 성도님들의 외면만 보고서 '저 성도는 무슨 복을 타고 나서 저렇게 잘 풀리나?' 싶은데 알고 보면 나름대로 말 못 할 고민거리를 안고 사는 것을 보게 됩니다. 어떤 한 성도가 기독교 변증가로 잘 알려진 스프롤^{R. C. Sproul} 목사님에게 이런 질문을 했다고 합니다. "목사님, 착한 사람들에게 왜 나쁜 일이 생길까요?" 그때 목사님은 이렇게 대답했다고 합니다. "저는 아직 완전하게 착한 사람을 만나보지 못했기 때문에 잘 모르겠습니다"

그렇습니다. 이 세상에는 힘든 일, 나쁜 일, 고통스러운 일을 만나지 않는 사람도 없지만, 그런 힘든 일은 절대로 만나지 않아야 할 만큼 절대적으로 착한 사람도 존재하지 않습니다. 저는 지금 착하게만 살면 고난을 겪지 않는다고 이야기하는 것이 아닙니다. 착하든 악하든 사람이라면 누구나 나름의 어려움과 괴로움 가운데 살고 있다는 것을 말하려는 것입니다.

우리를 시험에 들게 하지 마시옵고

에덴동산은 인간으로서 어떠한 부족함, 질병, 전쟁, 기근, 고통, 관계적 갈등이 없는 완벽한 삶의 처소였습니다. 그런데 첫 사람 아담과 하와는 그런 완전한 곳에서 강제력이나 협박에 의해서가 아니라 스스로 유혹에 빠져 죄를 범했습니다. 구조적 문제 혹은 결핍, 계급적 문제가 모든 악과 죄의 이유라고 말하는 사람들은 에덴동산의 사건을 어떻게 해석할까요? 우리는 삶의 현실이 너무나 복잡하게 얽혀 있고 그 복잡함과 고단함 속에서 살아가다 보니 인간의 본

성적 악함에 대해서는 너무나 낙관적 기대와 이상을 가졌는지도 모릅니다.

예수님은 시험에 들지 않도록 악함에서 건져주시기를 기도하라고 하십니다.

(마 6:13) 우리를 시험에 들게 하지 마시옵고 다만 악에서 구하시옵소서

이렇게 기도해야 하는 것은 하나님이 우리를 시험하거나 유혹하거나 악으로 밀어 넣기 때문이 아닙니다. 사람은 누구나 연약한 부분이 있고 그 연약함을 통한 유혹은 우리의 삶을 파괴할 가능성을 지니고 있으며 누군가가 말한 것처럼 세상에서의 삶은 지뢰밭을 지나는 것과 같기 때문입니다.

예수님께서 주기도문의 이 구절에서 사용하고 계신 '시험'πειρασμός이라는 단어는 '유혹'의 의미도 포함하고 있습니다. 예수님의 동생이었던 야고보는 그가 쓴 편지 야고보서에서 시험은 하나님으로부터 오는 것이 아니라 자기 욕심에 끌려 미혹되는 것, 곧 유혹 때문이라고 가르칩니다.

(약 1:13~14) 13 사람이 시험을 받을 때에 내가 하나님께 시험을 받는다 하지 말지니 하나님은 악에게 시험을 받지도 아니하시고 친히 아무도 시험하지 아니하시느니라 14 오직 각 사람이 시험을 받는 것은 자기 욕심에 끌려 미혹됨이니

그래서 교회에서는 이 구절을 해석하기 위해 '시험'test과 '유혹'temptation을 이렇게 구분하여 가르칩니다. '시험'은 외부에서 주어지는 것이고, '유혹'은 내부로부터 일어나는 것이다. '시험'은 하나님이 주시는 것이고, '유혹'은 마귀에게서 오는 것이다. '시험'은 성장을 목적으로 하고, '유혹'은 넘어뜨림을 목적으로 하는 것이다. 이렇게 설명하면 머릿속으로는 개념적으로 정리가 잘 됩니다. 그러나 시험과 유혹을 이러한 논리로 구분 지을 수 있지만 현실 속에서는

그 경계선이 매우 애매합니다. 우리에게 찾아오는 어려움이 이것은 하나님의 '시험'이고, 저것은 마귀의 '유혹'이라는 꼬리표를 달고 오는 것은 아니기 때문입니다. '시험'이 되었든 '유혹'이 되었든 그것에 반응해야 하는 우리로서는 어렵고 힘든 것은 마찬가지입니다. 그리고 가장 중요한 점은 우리는 모두 '시험'이 되었든, '유혹'이 되었든 규정할 수는 없지만 이미 내·외부적인 어려움과 괴로움 가운데 살고 있기 때문입니다. 그래서 우리가 할 일은 이것이 시험인지 유혹인지 구분하는 일이 아니라, '시험'이든 '유혹'이든 거기에 빠지지 않게 해 달라고 기도하는 것입니다.

예수님은 사람들에게 인정받고 환영받던 시기에 벌써 자신이 이방인들에게 넘겨져 희롱을 당하고, 능욕을 당하고, 침 뱉음을 당하고, 채찍질 당하고, 결국에는 죽임당할 것이라고 예언하셨습니다.

> (눅 18:32~33) 32 인자가 이방인들에게 넘겨져 희롱을 당하고 능욕을 당하고 침 뱉음을 당하겠으며 33 그들은 채찍질하고 그를 죽일 것이나 …

심지어 죽음의 방법도 나무에 매달리게 될 것이라고 미리 예언하셨습니다.

> (요 12:32~33) 32 내가 땅에서 들리면 모든 사람을 내게로 이끌겠노라 하시니 33 이렇게 말씀하심은 자기가 어떠한 죽음으로 죽을 것을 보이심이러라

그때가 다가옴을 아셨던 예수님께서는 잡히시기 전날 밤 제자들을 이끌고 자주 찾으시던 감람산^{올리브каз}으로 기도하러 가십니다. 그리고 그곳에서 제자들에게 마음이 매우 고민하여 죽게 되었다고 말씀하시면서 '나와 함께 깨어 기도해 달라'고 부탁하셨습니다.

> (마 26:38) 이에 말씀하시되 내 마음이 매우 고민하여 죽게 되었으니 너희는 여기 머물러 나와 함께 깨어 있으라 하시고

누가는 십자가 앞에서 예수님의 감람산 기도를 기록하면서 예수님께서 제자들에게 기도하라고 한 이유와 주제를 "유혹에 빠지지 않기 위해서"라고 기록합니다.

(눅 22:40) 그 곳에 이르러 그들에게 이르시되 유혹[πειρασμόν]에 빠지지 않게 기도하라 하시고

제자들에게 기도를 요청하신 예수님께서도 제자들한테서 돌 던질 만큼의 거리에 떨어져 혼자 기도하십니다.

(눅 22:41) 그들을 떠나 돌 던질 만큼 가서 무릎을 꿇고 기도하여

예수님이 하셨던 기도는 "내 아버지여 만일 할 만하시거든 이 잔을 내게서 지나가게 하옵소서"라는 내용이었습니다.

(마 26:39) … 내 아버지여 만일 할 만하시거든 이 잔을 내게서 지나가게 하옵소서

(눅 22:42) 이르시되 아버지여 만일 아버지의 뜻이거든 이 잔을 내게서 옮기시옵소서 그러나 내 원대로 마시옵고 아버지의 원대로 되기를 원하나이다 하시니

예수님께는 십자가에서의 죽음이 하나님께서 주신 사명인 줄 알고 있었지만, 그 일이 예수님 편에서는 시험이었던 동시에 그 앞에서 '고민하여 죽게 될' 만큼 내면의 유혹을 느끼셨던 일이었습니다. "유혹에 빠지지 않기"위해 드리는 예수님의 기도는 땀방울이 핏방울처럼 될 만큼의 처절한 것이었습니다.

(눅 22:44) 예수께서 힘쓰고 애써 더욱 간절히 기도하시니 땀이 땅에 떨어지는 핏방울 같이 되더라

예수님께서 유혹에 빠지지 않으려고 간절히 기도했던 이유는 예수님 자신이 가진 힘으로 하나님의 뜻을 벗어나 그 힘을 발휘하고 하나님의 뜻을 따르

지 않고 자기 뜻대로 살려는 아담적 선택을 하지 않기 위함이었습니다. 하나님의 뜻을 택할 수도 있고 그렇지 않을 수도 있는 자유의지 가운데 하나님의 말씀이 이루어지는 선택을 할 수 있는 힘을 얻기 위함이었습니다.

> (마 26:53~54) 53 너는 내가 내 아버지께 구하여 지금 열두 군단 더 되는 천사를 보내시게 할 수 없는 줄로 아느냐 54 내가 만일 그렇게 하면 이런 일이 있으리라 한 성경이 어떻게 이루어지겠느냐 하시더라

힘이 없어서 당하는 억울한 수욕(受辱)을 참는 것도 큰일이지만, 가지고 있는 힘을 사용하지 않으면서 온갖 수욕을 감당하는 것은 더 처절한 일이었을 것입니다. 예수님은 하나님의 뜻에 어긋난 선택을 하지 않기 위해 땀방울이 핏방울이 되도록 간절함으로 "내 원대로 마시옵고 아버지의 원대로 되기를 원하나이다"라며 스스로를 하나님 앞에 굴복시키는 기도를 드렸습니다. 예수님께서 아담적 삶의 길을 걷지 않기 위해서, 유혹에 빠지지 않기 위해서 이렇게 간절하게 기도하셨다면 우리야 무엇을 더 말하겠습니까?

평상시에 시험과 유혹이 오기 전에 피할 길을 위해 기도해야 합니다. 그러나 문제를 당면하게 되면 문제를 해석하기 이전에 어떻게 대응할 것인가에 대한 태도를 결정해야 합니다. 시험이냐 유혹이냐 따질 필요가 없습니다. 타자는 투수가 어떤 공을 던질 것인가를 예측하고 기다려야 하지만 궁극적으로 타자의 의무는 그 공을 잘 쳐 내는 것입니다. 투수가 어떤 공을 던졌는가를 해석하려고 하기 이전에 날아오는 공을 어떻게 칠 것인가에 더 집중해야 합니다. 변화구를 던질 것이라는 내 예측이 틀렸다 하더라도 날아오는 공을 치기만 하면 되는 것입니다. 시험이든 유혹이든 믿음의 태도를 가지고 선용하여 하나님의 뜻을 드러내고 신앙의 유익을 얻어내기만 한다면 내게 다가오는 문제는 문제가 아닙니다.

문제를 해석하려고 하지 말고 어떻게 대응할 것인가에 집중해야 합니다. 하나님이 주시는 연단임에도 불구하고 시험에 빠져 실족해 버린다면 하나님의 선한 의도가 내게는 무익합니다. 마귀가 나를 넘어뜨리려고 시험한 것임에도 그것을 이겨내고 그 일을 통해 하나님의 영광이 드러나게 되면 그것은 기회가 되고 축복이 됩니다. 사도행전 16장에서 바울이 빌립보 감옥에 갇힌 것이 하나님의 인도입니까? 사단의 역사와 시험입니까? 비록 그것이 바울의 복음 전도를 가로막기 위한 사탄의 계략이었다 하더라도 바울은 그곳에서도 찬송하고 기도함으로 하나님의 기적을 드러내고 간수를 구원하는 역사를 이루었습니다. 시험과 유혹의 장소가 은혜의 현장이 된 것입니다. 사단의 시험을 하나님의 은혜, 사랑, 기적을 드러내는 기회로 삼아야 합니다. "시험에 들게 하지 마옵시고"라는 기도에는 단순히 유혹에 빠지지 않을 뿐 아니라 어떠한 문제이든지 극복하고 승리하는 그리스도인이 되게 해 달라는 기도와 그렇게 살겠다는 결단이 들어 있습니다.

다만 악에서 구하시옵소서

흐르는 시냇물 위에 떨어진 낙엽이 가만히 있다고 해서 그 자리에 머무는 것은 아닙니다. 낙엽은 흐르는 시냇물의 흐름에 따라 끝없이 흘러 떠내려갑니다. 우리 인생도 그러합니다. 우리 인생은 외부의 힘이 붙들어 주지 않으면 세상의 흐름에 따라 시간 안에서 흘러 떠내려가는 존재입니다. 우리가 아담적 삶으로 흘러 떠내려가지 않으려면 시냇물의 힘을 거스를만한 어떤 힘이 우리를 붙들어 주어야만 합니다.

예수님께서 이 구절의 후반부에서 사용하신 표현 '악에서' 구해 달라는 기도는 직역하면 '악한 자로부터' 구해 달라는 기도입니다.

(마 6:13) … 다만 악에서 구하시옵소서

이 기도는 악한 자인 사탄의 어떠한 시도가 우리 그리스도인의 삶에 존재함을 전제로 합니다.

(벧전 5:8) 근신하라 깨어라 너희 대적 마귀가 우는 사자 같이 두루 다니며 삼킬 자를 찾나니

우리를 향한 사탄의 시도는 무엇일까요? 에덴동산에서 아담에게 행하였던 시험과 유혹이나, 광야에서 금식 중이던 예수님에 대한 시험과 유혹은 형태만 달리할 뿐 오늘 우리에게도 동일하게 시도되고 있습니다. 아담에게는 하나님을 벗어나 자기가 자기 인생의 주인이 되어 하나님 없는 삶을 추구하라는 것이었습니다. 예수님에게는 하나님으로부터 주어진 사명을 버리고, 세상 권세와 영광을 추구하며 살라는 것이었습니다. 하나님의 뜻과 계획을 앞세우지 말고, 세상의 자원을 자기만족의 자원으로 삼고 살라는 유혹입니다. 하나님을 섬기더라도 세상 영광을 포기하지 말고, 오히려 하나님을 이용하여 세상을 추구하라는 유혹입니다. 하나님의 뜻을 추구하더라도 고통이나 희생까지는 지불하지 말라는 유혹입니다. 두 경우 모두 다 "나라와 권세와 영광이 영원히 아버지의 것"이라고 고백하지 말고 "나라와 권세와 영광이 영원히 나의 것"으로 삼고 살라는 유혹이었습니다.

사탄의 영향력이 아직도 우리에게 남아 있다는 것을 의식하고 살아야 합니다. 삶의 순간마다 하나님의 이름이 높임 받아야 한다는 생각보다 자기 영광을 고민하게 하고, 하나님의 뜻보다 자기 뜻을 실현하게 하고, 하나님의 나라보다 자기 인생의 행복과 안녕을 추구하게 하고, 하나님의 도우심이 아니라

모든 것이 자기 힘으로 이루어진다고 생각하게 하고, 타인을 사랑하기보다 이용하도록 영향을 끼치는 것이 마귀의 유혹이고 시험입니다.

그러나 성경이 말하는 것보다 사탄을 지나치게 과대 해석하지도 말고 없는 것처럼 무시하지도 말아야 합니다. 사탄과 귀신을 너무 강조하면 믿음의 결단-순종과 사랑-을 하는 주체인 '나'의 책임을 약화하고 모든 것을 마귀 탓으로 돌리면서 자기 책임을 면하려는 우려가 있습니다. 책임 있는 제자도의 삶이나 의무는 숨겨버리고 아담이 그러하였던 것처럼 핑계하고 떠넘기는 삶이 될 수 있습니다.

예수님은 주기도문에서 우리 인생이 모든 시험과 유혹의 근원이 되는 악한 세력으로부터 보호받는 유일한 힘은 생명의 근원이시고 창조주이신 하나님으로부터 오는 것이라고 가르치십니다. 아담이 유혹에 빠져버려 아담적 삶으로 전락하고 말았듯이 우리도 유혹을 극복하려면 하나님의 도움이 필요하다고 계속 기도해야 합니다.

물론 시험에 들지 않게 해 달라고 기도한다고 하여 내 삶에서 시험의 존재 자체가 없어지는 것은 아닙니다. 우리 삶에 찾아올 어려움의 시기나 정도를 우리가 정할 수 없고 이전에 손쉽게 해결했던 문제라 할지라도 이번에도 당연히 극복한다는 보장도 없으므로 우리는 간절히 기도해야 합니다. 주기도문의 의미는 유혹으로 인하여 내 자신이 아담처럼 악을 행하지 않도록, 시험으로 인하여 악에게 져서 악을 추종하지 않도록, 악을 이기기 위해 악의 길을 걷지 않도록 우리를 붙들어 달라는 간청의 기도입니다. 인간의 연약함을 깨닫고 있는 사람이라면 당연히 이 기도를 드리게 될 것입니다.

하이델베르크 요리문답 127문에서는 이 간구의 의미를 이렇게 설명합니다.

이는 "우리가 너무 연약하여 우리 자신만으로는 한순간도 설 수 없사오며, 더욱이 우리의 철천지원수徹天之怨讐인 마귀와 세상과 우리 자신의 육신이 끊임없이 우리를 공격하오니, 주의 성령의 능력으로 우리를 보존하시고 강건케 하사, 이 영적 전쟁에서 굴복하지 않고, 마침내 완전한 승리를 얻기까지 언제나 강건하게 대항하게 하시옵소서"라는 것입니다.

주기도문의 시작 "하나님의 이름이 높임 받고 하나님의 뜻이 이루어지는 하나님 나라가 임하기를 원합니다!"라는 기도는 주기도문의 마지막 간구 "사탄의 통치와 유혹과 다스림을 벗어나게 해 주소서!"와 짝을 이룹니다. 그래서 주기도문의 마지막 기도는 두 개의 문장으로 구성되어 있지만 "악한 자로부터 구하셔서 악한 자로 말미암은 시험과 유혹을 피하게 해 주옵소서!"라는 뜻으로 이해할 수 있습니다.

이 말씀을 이해하기 위해 살펴본 자료 가운데 화종부 목사님(남서울교회)의 글에 이런 내용이 있었습니다.

목회를 하면서 간증 거리가 많다든지 하나님을 아는 지식이 많은 사람 등 여러 부류의 사람들을 만나지만 제가 점수를 많이 주는 사람은 하나입니다. 주님 앞에서 자신의 악함과 약함, 무익함을 본 사람이지요. 자기에 대해 아무 할 말이 없고, 자기의 악함과 추함을 충분히 보았기 때문에 자기에 대해 놀랄 것이 없는, 자기를 변명하거나 꾸미려는 마음이 없는 그런 사람들을 보고 싶습니다. 자기를 아는 것은 성도가 갖춰야 할 중요한 요소이지요. 시험을 통과하는 동안 평안할 때는 깨닫지 못했던 악으로 기울어지는 경향성을 발견하며 하나님 옆에 붙어서 "주님, 나는 약하고 약한 자이오니, 나를 시험에 들게 하지 마시고 악으로부터 건져주십시오"라고 기도하게 되는 것입니다. (산상설교, 화종부, 복 있는 사람, p.359)

자신의 연약함을 알고, 세상의 험난함을 알고, 마귀의 실체를 알기에 하나님 앞에 엎드려 "우리를 시험에 들게 하지 마시옵고 다만 악에서 구하시옵소서"라고 기도하는 그리스도인들이 됩시다.

주여 우린 연약합니다 우린 오늘을 힘겨워합니다
주 뜻 이루며 살기엔 부족합니다 우린 우린 연약합니다
주여 우린 넘어집니다 오늘 하루 또 실수합니다
주의 긍휼을 구하는 죄인입니다 우린 주만 바라봅니다
한없는 주님의 은혜 온 세상 위에 넘칩니다
가릴 수 없는 주 영광 온 땅 위에 충만합니다
주님만이 길이오니 우린 그 길 따라갑니다
그날에 우릴 이루실 주는 완전합니다*

*「주는 완전합니다」 _ 소진영 작곡, 함은진 작사, 마커스 라이브 워십 7집

Chapter 9

나라와 권세와 영광이 아버지께 영원히 있사옵니다

나라와 권세와 영광이
아버지께 영원히 있사옵나이다
아멘
(마 6:13)

송영 頌詠

교회 전통에서는 예배의 시작과 마지막에 반드시 들어가는 '기도 형식의 찬양'을 일컬어 "송영"이라고 합니다. "송영"은 한자어로 "기릴 頌, 노래할 詠", "기리어 노래함"이라는 의미입니다. 송영을 뜻하는 영어 단어 엑소더스^{Doxology}는 '영광'을 의미하는 헬라어 '독사'^{δόξα}와 '말씀'을 의미하는 헬라어 '로고스'^{λόγος}가 합쳐져서 만들어진 합성단어가 그대로 영어화 된 것으로 '하나님을 찬양하는 말씀'이라는 의미를 담고 있습니다.

오늘날 교회에서 기도를 가르칠 때 그 내용의 구성에 있어 "① 하나님의 이름을 부름 ② 찬양 ③ 감사 ④ 회개 ⑤ 간구(타인을 위한 도고의 간구와 자신을 위한 간구) ⑥ 예수님의 이름으로 기도합니다. 아멘"으로 구성하라고 가르칩니다. 그런데 유대교 전통에서는 기도 가운데 하나님의 이름에 영광을 돌리는 송영이 항상 포함되어 있었기 때문에 유대인들은 송영을 '기도의 마지막 도장'이라고 불렀다고 합니다. 주기도문의 마무리 문장인 "나라와 권세와 영광이 아버지께 영원히 있사옵나이다. 아멘"이라는 문장이 바로 송영입니다. 이 문장은 예수님께서 직접 말씀하신 것은 아니고 훗날 마태가 이 내용을 기록할 때 (혹은 더 많은 후대의 사본에) 초대 교회 기독교 예전에서 사용되던 전형적인 송영 고백문을 더하여 주기도문을 기록하였다고 보는 것이 학자들의 정설입니다.

성경에 기록된 대표적인 기도문 가운데 하나인 다윗의 기도문을 보면 다윗은 기도 가운데 찬양을 올려드립니다.

> (대상 29:10~13) 10 다윗이 온 회중 앞에서 여호와를 송축하여 이르되 우리 조상 이스라엘의 하나님 여호와여 주는 영원부터 영원까지 송축을 받으시옵소서 11

여호와여 위대하심과 권능과 영광과 승리와 위엄이 다 주께 속하였사오니 천지에 있는 것이 다 주의 것이로소이다 여호와여 주권도 주께 속하였사오니 주는 높으사 만물의 머리이심이니이다 12 부와 귀가 주께로 말미암고 또 주는 만물의 주재가 되사 손에 권세와 능력이 있사오니 모든 사람을 크게 하심과 강하게 하심이 주의 손에 있나이다 13 우리 하나님이여 이제 우리가 주께 감사하오며 주의 영화로운 이름을 찬양하나이다

이 기도문을 자세히 읽어보면 주기도문의 마지막 송영을 더 자세히 풀어 설명해 놓은 듯한 느낌을 받습니다.

초대교회 문화 안에서는 이러한 '기도 형식의 찬양'인 "송영"이 기도의 말미 혹은 편지의 말미에서 매우 보편적으로 사용된 것으로 보입니다. 사도 바울을 비롯한 신약성경 기록자들 역시 교회와 개인에게 편지를 쓰면서 당시 교회에서 사용되던 송영을 그대로 옮겨 기록한 경우가 많았습니다. 특히 송영 문장에는 반드시 '아멘'이 따라붙는 것도 주목해야 합니다.

(롬 16:26~27) 26 … 이 복음으로 너희를 능히 견고하게 하실 27 지혜로우신 하나님께 예수 그리스도로 말미암아 영광이 세세무궁하도록 있을지어다 아멘

(엡 3:20~21) 20 우리 가운데서 역사하시는 능력대로 우리가 구하거나 생각하는 모든 것에 더 넘치도록 능히 하실 이에게 21 교회 안에서와 그리스도 예수 안에서 영광이 대대로 영원무궁하기를 원하노라 아멘

(빌 4:20) 하나님 곧 우리 아버지께 세세 무궁하도록 영광을 돌릴지어다 아멘

(딤전 1:17) 영원하신 왕 곧 썩지 아니하고 보이지 아니하고 홀로 하나이신 하나님께 존귀와 영광이 영원무궁하도록 있을지어다 아멘

(딤후 4:18) 주께서 나를 모든 악한 일에서 건져내시고 또 그의 천국에 들어가도록 구원하시리니 그에게 영광이 세세무궁토록 있을지어다 아멘

(히 13:21) 모든 선한 일에 너희를 온전하게 하사 자기 뜻을 행하게 하시고 그 앞에 즐거운 것을 예수 그리스도로 말미암아 우리 가운데서 이루시기를 원하노라 영광이 그에게 세세무궁토록 있을지어다 아멘

(벧전 4:11) … 이는 범사에 예수 그리스도로 말미암아 하나님이 영광을 받으시게 하려 함이니 그에게 영광과 권능이 세세에 무궁하도록 있느니라 아멘

화답 和答

어쩌면 오늘 이 시대를 사는 한국의 크리스천들에게는 송영이 낯설게 느껴질 수도 있습니다. 그러나 성경의 인물들과 교회 전통에서는 하나님을 높이는 송영을 함께 고백하거나 송영에 대하여 아멘으로 화답함으로써 그들이 하나의 신앙공동체, 하나의 교회공동체에 속해 있음을 서로 확인할 수 있습니다.

(엡 5:19) 시와 찬송과 신령한 노래들로 서로 화답하며 너희의 마음으로 주께 노래하며 찬송하며

국어사전에서 "화답和答한다"를 보면 "상대의 언행에 대해 알맞은 방법으로 대답하는 것"으로 정의합니다. 상대의 인사말에 대하여 즐겁고 기쁜 마음으로 긍정적으로 응답하는 것이라고 말할 수 있습니다. 오늘날 그리스도인은 문장이나 노래로써의 송영만이 아니라 "하나님을 찬양/경배하라"라는 의미의 "할렐루야"라는 단어를 외칠 때 그 고백에 "아멘"이라고 화답합니다. 아멘은 마지 못해 어쩔 수 없이 수긍하는 것이 아니라 자발적이고 전적인 동의에 대한 표현입니다. 그런 점에서 하나님의 이름을 높이는 '송영'과 이에 대한 '화답'은 하나님의 자녀로서 '성도 됨의 증거', '교회 됨의 증거'라고 말할 수도 있습니다.

"송영"과 "화답"은 그리스도인과 그리스도 공동체의 특징입니다. 누군가가 '할렐루야'를 외치고 찬양할 때 '아멘'으로 화답하는 사람들이 그리스도인입니다. 누군가가 '나라와 권세와 영광이 아버지께 영원히 있습니다'라고 말할 때 '아멘'으로 화답하는 사람들이 하나님의 자녀입니다.

우리 모두의 삶이 하나님을 영화롭게 하는 "송영"의 삶이 되어야 합니다. 그러한 우리를 바라보는 사람들이 아멘으로 "화답"하는 인생이 되어야 합니다. 우리의 입에서 나오는 믿음의 고백과 찬양에 함께 참여하여 "송영"하는 사람이 많아지고 이에 대하여 아멘으로 "화답"하는 사람이 많아지기를 바랍니다.

Chapter 10

그리스도인은 무엇을 기도합니까?

우리는 나라와 권세와 영광을 다 가지신 전능하신 하나님이 우리의 아버지이심을 믿는 사람들입니다. 그 하나님께서 우리의 아빠가 되셔서 우리의 모든 필요를 채우실 줄 믿습니다. 아멘!

우리는 하나님의 이름이 높임 받고, 하나님의 뜻이 이루어지는 하나님 나라를 꿈꾸는 사람들입니다. 우리는 하나님의 뜻을 따름으로써 하나님의 통치를 받아 하나님의 이름이 높임 받는 하나님의 나라를 추구하는 삶을 살아야 할 줄로 믿습니다. 아멘!

우리는 하나님이 때마다 채워주시는 만나의 은혜를 일용할 양식으로 삼겠다고 결단한 사람들입니다. 우리는 하나님을 생명의 근원으로 고백하며, 내가 살기 위해 타인을 착취하지 않으며, 하나님께서 공급해 주시는 일용할 양식에 만족하며 안식일적 삶을 살아가야 할 줄로 믿습니다. 아멘!

우리는 그리스도의 십자가 은혜 없이는 죄용서의 길이 없다고 믿는 사람들입니다. 그래서 죄용서가 필요한 존재임을 인정하며 동시에 용서를 통한 사람들과의 화목을 추구하는 삶을 살아가야 할 줄로 믿습니다. 아멘!

우리는 우리 자신의 연약함을 알기에 매 순간 악에서 구해 주시기를 기도하는 사람들입니다. 하나님의 은혜와 말씀에 대한 순종 안에서 유혹에 빠져들지 않을 뿐 아니라 어떠한 상황과 문제이든지 극복하고 승리하며 하나님의 이름이 높임 받고 하나님의 뜻이 이루어지기를 추구하는 삶을 살아가야 할 줄로 믿습니다. 아멘!

우리는 예수님께서 가르치신 기도, 교회 전통에서의 이러한 해석과 가르침에 대하여 아멘이라고 화답하며 찬양을 기도로 올려드리고 기도를 찬양으로 삼는 "송영"의 사람들입니다. 이것이 우리 모두의 공동 기도이자 신앙의 고백이며 삶의 방향성이 되기를 소망합니다. 아멘!